어디서 누구와 무엇을 하든

긍정의 한마디는 공감을 이끈다

잘난 척 하면 뭐가 어때서?

잘난 척 하면 뭐가 어때서_ 달콤한 언어로 운을 부르고, 말이 씨가 되면 꽃길을 걷는다

초판인쇄   2018년 10월 10일
초판발행   2018년 10월 15일

지 은 이   장하영
발 행 처   스타북스
등록번호   제300-2006-00104호

주   소   서울특별시 종로구 종로1가 르메이에르 1117호
전   화   02)735-1312
팩   스   02)735-5501
이 메 일   starbooks22@naver.com

ISBN   979-11-5795-425-4 03190

ⓒ 2018 Starbooks Inc.
Printed in Seoul, Korea

이 도서의 국립중앙도서관 출판예정도서목록(CIP)은 서지정보유통지원시스템 홈페이지(http://seoji.nl.go.kr)와 국가자료공동목록시스템(http://www.nl.go.kr/kolisnet)에서 이용하실 수 있습니다.(CIP제어번호 : CIP2018031306)

달콤한 언어로 운을 부르고, 말이 씨가 되면 꽃길만 걷는다

잘난 척 하면 뭐가 어때서

스타북스

자신감을 부르는 말과 마음의 레시피

말 한마디의 담긴 마법

"3년간은 좋은 사람 만날 수 없다고? 웃기고 있네"

만약 역학자로부터 "앞으로 3년간 좋은 사람을 만나기는 어려울 것 같다"는 말을 듣는다면 당신은 어떤 기분이 들고 어떻게 행동 할 것 같나요? 아마도 당신은 한동안 심리적으로 많은 혼란을 겪게 될 것이며 앞날에 대해서도 여러 가지 생각을 하게 될 것입니다.

이렇게 말속에는 엄청난 힘이 존재하고 있습니다. 따라서 밝고 긍정적인 말은 사람들의 고민거리를 날려 보내버림과 동시에 즐겁고 알찬 하루하루를 보낼 수 있게 하는 힘을 줍니다. 또한 말은 상대의 마음을 움직이게도 하고, 상처받은 마음을 위로해 주기도 합니다.

이러한 '말의 힘'을 알고 사용할 줄 아는 사람은 말 한마디에도 자신의 생각을 담아 근사한 미래를 그릴 수 있습니다. 만약 당신이 안 좋은 예언을 들었다 하더라도 가볍게 넘길 수 있는 자세가 필요합니다. 예언은 예언일 뿐인데 그것을 마음에 담고 있으면 자신의 삶만 꼬이게 됩니다. 차라리 예언을 역전의 기회로 삼아 인생을 변화시키는 건 어떨까요?

마음을 이끄는 기적의 한마디

"문제가 생길 거라고? 아니야 이건 좋은 기회야"

또한 당신이 현재 일이나 인간관계 그리고 미래에 대한 불안과 근심으로 많은 질문에 둘러싸여 있더라도 그것 역시 '말의 힘'으로 답을 찾을 수 있을 것입니다. 긍정적인 말로 행운을 불러들이는 기회를 잡는다면 매일이 즐거워질 수 있기 때문이죠. 눈앞의 모든 것을 '좋은 일'로 바꿀 수 있다면 운명 역시 극적으로 환하게 변할 것입니다.

물론 당신이 역학자로부터 나쁜 예언을 들었다면 그 충격으로 당혹스러워하며 불안감을 느끼지 않을 사람은 없을 것입니다. 하지만 그 사람의 말만 믿고 '당분간 연애는 못 하겠구나'라며 포기한다면 그것은 인생의 정지 버튼을 자신이 누르는 것과 마찬가지입니다. 어쩌면 그 사람이 잘 모르면서 적당히 한 말일지도 모르는데 말이죠. 그럼에도 많은 사람들은 그 말 때문에 불길한 예언을 미리 차단하려고 애쓰는 것이 보통입니다.

그럼에도 "상처를 받을 겁니다", "일에 문제가 생길 것입니다", "○○을 조심 하세요" 등, 이러한 근거 없는 말에 갇혀 불행을 맞이하는 사람들이 너무나 많습니다. 예를 들어 볼까요. 마음은 불안으로 가득해도 "이건 좋은 기회야!", "나는 괜찮아"라는 말로 웃어넘겨 버리면 혼란했던 마음이 가라앉고 긍정적으로 인연을 찾고자 하는 의욕도 강해질 것입니다. 멋진 미래를 바라고 만들기 위해 행동하면 플러스의 에너지가 마음에 넘쳐 나 결국 정말 좋은 인연으로 둘러싸여질 테니까요. 이것이 말의 힘이고 심리학의 마법입니다.

잘난 척은 긍정의 에너지

"빛나는 일들로 가득할 텐데, 잘난 척하면 어때서"

이처럼 언어의 힘을 기른다면 언제나 마음을 플러스 에너지로 가득 채우는 일도 간단합니다. 따라서 이 책에서 소개하는 '행운을 끌어들이는 말' '긍정적인 사람이 되는 말' '기분을 진정시켜 주는 말 '마음을 풀어 주는 말' 등 단계별로 의식하며 입으로 내뱉는 말 한마디로 얼마든지 인생을 바꿀 수 있습니다. 이 책에는 마음의 저울을 미련 없이 던져 버리고, 밝고 긍정적인 자세로 행복한 미래를 부르는 '말'을 족집게처럼 골라 여기에 가득 담았습니다.

대부분의 사람들은 힘들 때나 괴로울 때에만 자신의 인생에 관해 생각하고 깊은 성찰을 합니다. 그럴 때 이 책이 반짝반짝 빛나는 희망으로 가득한 미래로 이어 주는 길라잡이가 되길 바랍니다. 좋은 말은 좋은 미래를 만듭니다. 좋은 말을 사용하기 시작한 순간, '좋은 일'이 당신과 소중한 사람의 주변에 일어날 것입니다. 인생을 긍정적으로 생각하고 자신감을 가지세요. 잘난 척 좀하면 뭐가 어때서요.

소소한 일상에서 특별한 외출 장하영

1부

어떤 일이 일어나도

1장

언제나 '최고인 나'

어리석은 사람과 현명한 사람을 매일 뭘 할까

매일 아침 눈을 뜰 때마다 이불 속에서 이렇게 중얼거리는 사람이 있습니다.

"오늘은 0년 0월 0일. 오늘은 일생에 한 번밖에 오지 않는, 둘도 없는 최고의 날이 될지도 몰라. 그러니까 오늘이라는 날을 소중하게 보내자."

영화를 좋아하는 그 사람은 새로운 영화를 볼 때면 이렇게 생각합니다.

"지금까지 맛볼 수 없었던 감동을 받을지도 몰라. 인생에 있어서 소중한 뭔가를 발견할 수 있을지도. 오늘 보는 영화가 그것을 가능하게 해 줄지도 모르고. 그러니까 오늘이라는 날은 다시없을 최고의 날이 될지도 몰라."

오늘이라는 날은 자신의 인생에서 단 한 번밖에 없는, 둘도 없는 하루. 그 사람은 그렇게 생각하며 '오늘'을 소중하게 살고 싶은 것이죠. 그런데 어떻게 하면 '오늘을 소중하게 사는 것'이 가능할까요?

저는 당신에게 '오늘 하루 운동하기'를 권합니다.

'운동'이라는 말은 '운(運)을 움직이다(動)'라고 적을 수 있죠. 매일 뭔가 하나라도 생활에 변화를 준다면 운이 움직이기 시작할 것입니다.

작은 변화가 하나둘 쌓이고 매일이 반짝반짝 빛나기 시작하는 것이죠.

예를 들어 지금까지 만들어 본 적 없는 손이 좀 가는 요리를 만들어 보거나, 얼마간 만나지 못했던 친구에게 연락해 봅니다.

한 번도 사용한 적 없는 빛깔의 립글로스를 발라 보거나, 집 안 커튼이나 침구를 새롭게 해 보는 것들이죠.

그리고 매일 "오늘은 무엇에 도전해 볼까?"라고 자신에게 물어보는 습관을 기르길 권합니다. 이런 습관을 길러 최상의 하루를 하나씩 쌓을 수 있다면 인생 역시 보다 더 좋은 방향으로 돌기 시작할 것입니다.

먹는 것도 보는 것도 모두 도전하는 일입니다.

자신을 아끼는 에너지 충전법

"뭐랄까, 피곤이 가시지 않는다. 어떻게 해도 의욕이 끓어오르지 않는다."

그래서 개인적인 시간을 뒹굴뒹굴하며 보내고 있다면 오히려 더 지칠지도 모릅니다. 매일을 즐겁게 보내고 싶다면 매일 밤 개인적인 시간을 즐겨 보는 건 어떨까요. 그 타이밍에 '무언가'에 몰두하기를 권합니다.

특별한 일이 아니어도 상관없습니다. 당신이 좋아하는 것, 하고 싶었던 것을 하기 위해 아주 조금이라도 좋으니 시간을 내 보는 것입니다. 매일 밤 자신만을 위한 '골든 타임'을 갖는 것이죠.

예를 들어 퇴근길 윈도쇼핑을 즐기는 것도 좋겠고 집에서 여유롭게 좋아하는 영화를 보는 것도 멋질 듯합니다. 누군가 와의 만남을 즐긴다면 연인이나 친구와 만날 시간을 만들어 보는 것도 오케이겠죠. 어쨌든 하루의 끝에서 "오늘도 즐거운 하루였어"라는 생각으로 뿌듯한 마음이 든다면 이보다 소중한 일은 없을 것입니다.

더불어 몸과 마음의 긴장을 푸는 것도 효과적입니다. 잠들기 전 허브티를 마시며 느긋하게 독서를 하거나 음악을 듣거나 좀 욕심을 내 비싼 배스 솔트로 반신욕을 즐기는 것도 좋은 방법 중 하나입니다. 아주 사소한 일이지만 몸과 마음이 편안해져 꿀맛 같은 잠을 자며 기운을 회복할 수 있을지도 모릅니다.

이런 방법으로 마음을 이완하면 "오늘 밤은 무엇을 즐겨볼까?" "내일 밤은 무엇을 하지?"라는 생각만으로도 두근두근해질 게 분명합니다. 그러다 보면 자신이 무엇을 했을 때 즐거운지, 언제 기분 전환이 되는지를 확실히 알게 되지 않을까요.

또 하나 권한다면 그날 기분에 따라 무엇을 즐길지 결정하는 것도 좋겠지만 미리미리 스케줄 노트에 "이 날은 이걸 즐겨 보자!"라고 예정을 세워 두는 것도 좋은 방법입니다. 한 주가 끝나는 일요일 밤 수첩을 열면 다음 일주일 분의 '골든 타임' 계획이 서 있으니 다시 한 번 자신을 위해 파이팅할 수 있지 않을까요.

자신을 위해 돈을 쓰고 자신을 위한
시간을 즐기는 것도 중요합니다.

하루에 하나를 계속하면 100일 후에는 100배 좋아진다

세상에는 유학 경험도 없고 학원을 다녀 본 적이 없음에도 외국어를 유창하게 하는 사람이 있습니다. 왜일까요? 그 이유에 관해 한국어를 완벽하게 숙달한 어떤 외국인이 이런 대답을 했습니다.

"하루에 단어 하나는 꼭 기억해 두려고 합니다. 만약 하루에 단어 하나를 외우면 1년간 300개 이상의 단어를 외울 수 있게 되죠. 문법도 일주일에 하나씩 암기해 보면 1년에 50개를 알 수 있습니다. 저는 그저 그것을 반복하는 수밖에 없다고 생각합니다."

'그렇구나, 그 정도라면 나도 할 수 있겠어'라며 고개가 끄

덕여질 것 같습니다. 이 사람처럼 당신도 하루에 30분 정도, 시간이 없다면 5분 정도라도 좋으니 실력을 향상시킬 시간을 가져 보는 건 어떨까요. 출근 시간, 점심시간, 혹은 아침에 5분 일찍 일어나거나 등등 시간은 얼마든지 만들 수 있습니다.

물론 어떤 분야든 좋습니다. 경제나 역사에 척척박사가 되고 싶다면 우선 책을 구입한 후 하루에 몇 페이지씩 진도를 나가 보는 겁니다.

만약 책이라면 하루에 10페이지 정도 읽는 사람은 20일 정도면 완독할 수 있지 않을까요. 또 천천히 정독에 익숙한 사람은 읽기만으로 상당한 지식이 쌓일 것입니다. 반복해 읽는 것은 두말할 것 없이 높은 효과가 있겠죠.

무엇보다 "오늘은 이것을 배워 보자" "이번 주는 이 책을 읽어야지" "패션 센스를 길러 보자" 등 매일 머리를 회전하면 실력 향상은 물론 뇌도 녹슬지 않을 것입니다. 평소 사용하지 않았던 근육이 뭉치지 않도록 하는 것처럼, 머리와 센스도 평소에 운동하는 것이 중요합니다.

더욱이 지성은 표정이나 대화에도 드러나기 마련입니다.

그러니 한 달 만이라도 도전해 보기를 바랍니다. 딱 한 달이어도 주변에서 당신을 바라보는 시선이 변하고 있음을 느끼게 될 것입니다. 자, 그럼 이제부터 자신에게 멋진 변화를 일으켜 보세요.

지적으로 반짝이는 사람은 학교를 졸업하고도
계속 배우는 사람입니다.

몸에 좋은 일을 하면 다른 일도 잘 풀린다

"나도 모르게 술을 너무 마셔 버렸어" "최근 밤에 화장실을 가는 일이 많아졌어" "외식만 해서 채소 섭취가 부족해" 등 몸에 안 좋다는 것을 알지만 쉽게 그만두기가 어려운 일은 누구에게라도 있습니다. 하지만 쉽게 그만두지 못해 습관화되어 버린 그 일들은 분명 좋은 일이 아닙니다.

그렇다면 어떻게 하면 좋을까요.

우선, 하루에 하나라도 좋으니 건강한 몸을 위한 일을 해 보도록 합시다. 예를 들어 목적지보다 한 정거장 먼저 내려 걸어가거나 간식을 끊어 보는 것이죠. 목욕 후에는 스트레칭으로 긴장을 풀어 주고, 쉬는 날에는 조깅을 해 보는 등 당장이라도 할 수 있는 간단한 것부터 실천해 보는 겁니다.

'자신의 몸을 소중히 생각하는 사람'은 자신감을 얻어 '자신은 가치가 있는 인간'이라고 생각해 자존감도 높아지기 마련입니다. 무엇보다 이렇게 얻은 만족감은 인간관계나 일에도 좋은 영향을 줄 것입니다.

스트레스가 사라지면 뇌도 활발히 활동합니다.

'신으로부터의 선물' 어떻게 사용하죠?

하루는 24시간입니다. 그런데 신으로부터 여기에 '플러스 1시간'을 선물받는다면 당신은 그 시간을 어떻게 사용하겠습니까? 쇼핑을 할 건가요, 연인과 식사를 하러 갈 건가요, 아니면 아이와 함께 즐거운 시간을 보낼 생각인가요? 방 인테리어를 바꿔 보거나 회의에 제출할 제안서를 좀 빨리 끝내는 것도 좋을지 모르겠네요.

희한한 점은 '1시간'이라고 생각하면 하고 싶은 일을 할 수 있는 중요한 시간이라고 여겨져 의미 없이 쓰고 싶지 않게 된다는 것입니다. 그렇지만 가만히 생각해 보면 플러스된 한 시간은 우리가 언제나 보내고 있는 한 시간과 같습니다. 다른 것은 자신의 기분뿐일지도 모릅니다. 그 시간을 '중요한 시간'이라 생각하고 보내는지 아닌지가 다를 뿐인 것이죠.

그렇지만 현실은 어떤가요? 하릴없이 TV만 보고 있다거나 방에서 뒹굴뒹굴하며 시간을 쓸모없이 보내 버리는 일이 많지 않나요? 그렇다면 우선 "이 1시간은 중요해" "이 1분을 소중하게 쓰자"라는 말을 언제나 마음 한편에 간직해 둬 보세요.

텔레비전을 끄고 30분 산책을 한다면 운동 부족이 해결되겠죠. 고작 10분의 독서만으로 엔진이 걸린 뇌가 씽씽 돌아갈 거예요. 혹은 최근 서먹했던 사람에게 이메일이나 편지를 써 보는 것만으로도 끊어졌던 인간관계가 다시 이어질지도 모를 일입니다.

시간은 누구에게나 공평하게 주어집니다. 하지만 그 시간을 어떤 식으로 사용할지는 당신 자신이 생각해야만 합니다. 시간을 소중히 사용하는 것은 많은 '행복의 씨앗'을 매일매일 심는 것과 같습니다.

지금 당신에게 주어진 10분을 유익하게 써 보세요.

행복은 만남에 머물러 있다는 사실을 아는 사람

불교에서는 '좋은 일을 많이 만나면 자신도 모르는 사이에 많은 은혜를 입는다' 즉, 선이 선을 부른다라는 말이 있습니다. 좀 더 쉽게 얘기하자면 '좋은 사람, 좋은 장소, 좋은 책 등 좋은 것을 만나는 횟수만큼 좋은 기회가 따라온다'는 의미가 될 것입니다. 좋은 사람과의 만남은 운명이나 정보, 기운 등을 많은 '좋은 일'과 이어 주는 역할을 한다는 것이죠.

꿈이나 희망, 이른바 성공의 씨앗이 되는 것은 사람에 의해 만들어지는 일이 많습니다. 동료의 결혼식에서 인생의 파트너를 만나거나 지인의 소개로 실력이 좋은 의사를 만나거나 친구의 친구로 알았던 상대와 함께 비즈니스를 하게 된다든가 하는 사례입니다.

그러니 만남은 너무나 소중함을 알아야 할 것입니다. 좋은 만남과 조우하기 위해 아침 일찍 일어나 창문을 열면서 "오늘도 멋진 만남이 있을 거야"라며 미소를 지어 보세요. 잠자리에 들기 전에는 "내일도 멋진 만남이 기다리고 있을 거야"라고 마음속으로 주문을 걸어 보는 것도 좋습니다.

'만나고 싶어' '분명 만남이 있을 거야'라는 마음가짐이 있다면 여러 정보가 당신의 안테나에 잡힐 것입니다. 그리고 갑자기 좋은 만남으로 이어질지도 모릅니다. 모든 것의 시작은 만남부터임을 잊지 마세요.

잠시 들른 가게에서 만난 점원과도
좋은 만남으로 이어질지 모릅니다.

되돌아보는 생각의 법칙

행동심리학에 '되돌아보는 법칙'이라 불리는 것이 있습니다. 이것은 되돌아보지 않으면 다시 힘을 내고자 하는 기분이 좀처럼 들지 않지만, 되돌아보는 것만으로도 다시 한 번 노력해 보려는 마음이 인간의 심리를 가리킵니다.

이 되돌아보는 법칙처럼 미국의 한 경영자는 영업 성적이 떨어지고 있는 세일즈맨들에게 이렇게 말했습니다.

"계약 성사를 두 배로 늘리고 싶다면 당신의 개인 돈으로 고객을 플로리다 리조트에 초대해 보세요."

그 후 겨우 반년도 채 되지 않아, 실적이 낮았던 세일즈맨 모두가 자신들의 목표를 달성했다고 합니다.

되돌아보는 법칙은 "너무 바빠" "힘들어 죽을 것 같아"라고 느껴질 때 특히 효과를 발휘합니다. 힘들지만 좀 더 기운을 내야 할 때 "이 일을 마치는 날에 나 자신에게 선물을 주는 거야"라고 생각해 보는 건 어떨까요. "매일 스트레칭을 한 달 정도 계속하면 온천 여행을 가자" "영어 원서를 한 권 다 읽으면 멋진 레스토랑에서 식사를 하자" "엄청 바빴던 이 일을 끝내면 주말은 일류 호텔에서 쉬어 보자"와 같이 말입니다.

이렇게 자신을 위로하고 선물을 주면 "다시 또 힘내자" "다음 목표를 향해 가자"라고 기분을 새롭게 할 수 있을 것입니다. 그리고 기쁨과 즐거움도 배가 될 것입니다.

그러니 무언가를 달성했다면 즐거운 일을 해 보도록 하세요. 이 '되돌아보기'는 긍정적인 마음을 갖는 데 특효약입니다. 노력과 인내가 필요할 때 힘들어만 하지 말고 긍정적으로 마음을 다스린다면 그다지 괴로워지지 않을 것입니다. 정신없이 바쁜 것을 즐길 정도의 여유가 생긴다면 120% 의욕이 넘치는 상태로 있을 수 있습니다.

마음에도 선물을 해 보세요.
목적을 달성하고자 하는 의지가 몇 배는 많아질 테니까요.

2장

어떤 일이 일어나도 좋아

단호히 나쁜 습관을 버리는 테라피

나쁜 습관이라는 것은 누구에게라도 하나둘쯤 있을 것입니다. 문제는 나쁜 습관은 좀처럼 바꾸기가 어렵다는 것이죠. 작심삼일을 100번하면 1년 동안 목적한 바를 꾸준히 이어 갈 수 있다고 반 우스개 소리를 하지만 지속적인 노력과 실행이 그만큼 어렵다는 뜻일 겁니다.

담배나 술, 야행성 생활, 쓸데없는 쇼 등 나쁜 습관을 그만두고 싶다면 "이것을 그만두면 이렇게 좋아질 거야"라고 나쁜 습관을 버린 후 돌아올 선물을 떠올려 보기를 권합니다.

담배를 끊으면 흡연석이 있는 카페를 찾아 해맬 필요가 없습니다. 건강도 당연히 좋아지겠죠. 술을 줄이면 아침을 상쾌하게 맞을 수 있을 것이고 돈을 절약할 수도 있겠네요.

　나쁜 습관을 바꿔 보려고 기를 쓰는 것보다, 그만둔 후의 행복을 그려 보면 그만두기도 훨씬 쉬워질지 모릅니다. 상상하는 것만으로 나쁜 습관이 당신으로부터 멀어져 갈 거예요.

시간, 수고, 돈….

나쁜 습관을 버리면 얻을 수 있는 것이 많습니다.

좋은 습관이 계속되면 좋은 일이 나타난다

CHANGE(변화)와 CHANCE(기회)는 고작 한 글자 차이입니다. 그러니 당신도 매일 조금씩 변화를 한다면 기회가 따라올 것입니다. 그럼, 어디서 어떻게 변화하면 좋을까요? 우선 매일 무언가 하나씩 좋은 일을 해 봅니다.

괴롭고 슬픈 일이 있을 때에도 웃는 얼굴로 사람을 대하기, 상대의 매력적인 점을 발견해 칭찬하기, 건강을 위해 채소를 제대로 챙겨 먹기, 정신 건강을 위해 매일 책을 읽기….

사소하지만 일상에서 당장 실천할 수 있는 좋은 일을 해 보는 것이죠. 그럼 '좋은 일을 하면 좋은 일이 일어난다'라는 마음의 법칙에 의해 정말로 좋은 일만 가득해질 수 있을 것입니다.

　모두들 시도와 도전 한 번쯤은 해 보았을 테니 이와 같은 사소한 일도 꾸준히 하기가 어렵다는 것 역시 알고 있을 테지요. 그렇기 때문에 의지를 북돋고 포기하지 않을 수 있는 '좋은 말'이 중요합니다. 노력이 없으면 좋은 결과란 없습니다. '좋은 말'을 끊임없이 가슴에 새겨야 진정한 변화가 이루어집니다.

좋은 것을 먹으면

건강해지는 것과 같은 이치입니다.

눈앞의 오믈렛에 집중하자

줄곧 고대했던 고급 이탤리언 레스토랑에 간 당신. 좀처럼 먹기 힘든 풀코스를 먹게 된 바로 그 순간 "어제 내가 잘못한 것도 없는데 남자 친구랑 싸웠어" "일하다 또 실수해 버렸는데 정말 이 일과 잘 맞지 않나 봐"라며 부정적인 것을 생각한다면 눈앞에 맛있는 요리가 있어도 제대로 즐길 수 있을까요.

끔찍했던 과거나 아직 오지 않은 미래에 몰두해 지금 이 순간을 즐길 수 없는 사람은 앞으로 어떠한 근사한 체험을 하더라도 역시 끙끙 앓기만 할 것 같지 않나요? 뭔가 즐거운 일을 해 보자고 생각할 때는 과거 일은 일절 잊어버리고, 아직 일어나지 않은 일도 미리 고민하지 말고 '지금 이 순간'을 듬뿍 즐겨 보도록 하세요.

지금 모처럼 즐겁고 유쾌한 일만 가득함에도 거꾸로 이미 끝난 일이나 아직 시작도 안 한 일에 에너지를 소비하는 것만큼 아까운 일은 없지 않을까요.

지금을 즐길 수 있다면 그것은 결국 '행복했던 과거'로 기억에 남습니다. 이와 마찬가지로 지금을 즐길 수 있는 사람은 '행복한 미래'를 약속받을 수 있습니다.

한 눈 팔지 말고 현재를 즐기는 것. 그것이 결과적으로 즐거운 과거와 미래를 만드는 비결입니다.

'지금'을 즐긴다면

분명 '내일'도 즐거울 수 있습니다.

질투 그리고 초조함을 날려 버리는 말

타인은 자신을 비추는 거울이라는 '거울의 법칙'에 따르면 당신이 누군가의 재능을 부러워하듯 어떤 이가 당신의 재능을 부러워할지도 모릅니다.

말은 잘하지 못하지만 글은 잘 쓰는 사람, 노래는 못 불러도 악기 연주 실력이 뛰어난 사람 등 각기 갖고 있는 재능은 다른 법입니다. 한 사람 한 사람의 얼굴이 다르듯 재능도 각양각색인 것입니다.

또 누군가의 장점을 드높이기 위해 다른 사람을 깎아내리고 희화화하는 사회라면 그런 기준에 자신을 끼워 맞추지 마세요. 이런 관점에서 본다면 타인의 재능을 부러워하는 것은 난센스가 아닐까 싶네요.

　뭔가 다른 사람보다 뒤떨어진다 하더라도 "나는 이것을 할 수 있어. 이 재능을 갈고 닦자"라고 생각한다면 뿌연 안개 속에 있는 듯한 불안감이나 초조함, 질투 따위는 금세 사라져버릴 것입니다. 자신이 자신으로서 존재하는 기쁨 또한 넘칠 것입니다.

당신에게는 당신만의 독창적인 매력이 있습니다.

그 진실을 잊지 마세요.

재능을 발견해 주는 쌍안경의 법칙

쌍안경 접안렌즈에 눈을 갖다 대고 핀을 맞추면 저 멀리에 있는 풍경을 가깝게 볼 수 있습니다. 그러나 잘못해 반대쪽 대물렌즈로 들여다보면 멀리 있는 풍경이 거꾸로 작게 보이죠. 이를 빗대 심리학에서는 '쌍안경의 법칙'이라고 부릅니다.

보통 사람은 타인의 장점 혹은 자신의 단점을 볼 때 쌍안경의 접안렌즈에 눈을 맞춰 보려는 경향이 있습니다. 이때 접안렌즈는 사실 그리 대단하지 않은 것도 강한 인상이 남을 만큼 크게 보이게 합니다.

반대로 타인의 단점 혹은 자신의 장점을 볼 때, 대물렌즈

쪽에 눈을 맞추는 편입니다.

　그렇다 보니 다른 사람의 결점이나 자신의 장점은 사실보다 작고 약해져 잡을 수 없을 만큼 작게 보이고 맙니다. 대부분의 사람들이, 특히 진지하고 올곧은 사람은 이 '쌍안경의 법칙'에 혹할 수밖에 없습니다. 타인과 자신을 비교하며 괜히 우울해지곤 하죠.

　사람의 좋은 점을 발견하는 것은 꽤 멋진 일입니다. 이때 타인의 장점을 발견하듯 주의 깊게 살펴 자신의 '좋은 점'을 확대해 보는 것을 잊어버리지 마세요! 자신만이 갖고 있는 '괜찮다고 생각하는 점'이 주위 사람들 눈에는 반짝반짝하는 보물처럼 보이는 일이 꽤 많으니까요. 이는 어딘가에서 잠자고 있는 당신의 재능을 발견하는 요령이기도 합니다.

지금 혹시 잘못된 사용법으로
쌍안경을 보고 있지는 않나요?

억측에 사로잡히면 서커스 코끼리가 되어 버린다

코끼리는 1톤 이상의 짐도 코로 가볍게 들어 올리는 힘을 가진 왕 중의 왕입니다. 그런데 서커스 등에서 자주 볼 수 있는 코끼리는 자신보다 훨씬 작은 말뚝에 묶인 채 도망칠 생각도 않고 얌전히 있습니다. 말뚝 정도는 간단히 뽑아낼 수 있음에도 왜 그럴까요? 여기에는 속임수가 있습니다.

보통 서커스에서는 아직 어린 코끼리를 말뚝과 연결해 그것을 뽑도록 연습을 시킵니다. 대신 아무리 힘을 주어 당겨도 그 말뚝을 뽑을 수 없다는 사실을 체험하게 하죠. 그 사이 코끼리는 자라서 몸도 커지고 힘도 세지지만 '아무리 애를 써도 저 말뚝은 뽑을 수 없어'라는 어릴 적을 기억하며 애써 뽑으려 하지 않는답니다.

억측은 인간에게 있어서 조금 어리석은 일입니다. "어렸을 때 산수를 못했으니 경리 일은 맞지 않을 거야" "작문 시간이 싫었으니 자료를 정리해 문장으로 표현하는 일은 자신이 없어"라고 생각하는 사람들이 놀라울 정도로 많습니다.

하지만 이것은 서커스의 코끼리처럼 단순하게 생각해 버리는 억측과 같습니다. 예전의 당신과 그동안 많은 경험을 쌓은 지금의 당신은 다른 사람이라고 할 정도로 다릅니다.

"이건 못해" "해 봤자 별로 득될 게 없을 것 같아"라는 말이 머릿속에 맴돌 때는 바로 "안 될 거라는 건 단지 내 생각일 뿐이야"라고 자신을 타일러 봅니다. 억측에 사로잡히지 않는다면 새로운 일이나 취미, 사랑에도 쉬이 도전할 수 있을 것입니다. 막상 해 보면 자신이 할 수 있는 것이 아주 많다는 사실을 알게 됩니다. '지금의 자신은 옛날의 자신과 다르다'는 기억을 환기하는 것만으로도 당신의 가능성은 점점 커질 것입니다.

지금의 당신은 1년 전보다, 어제보다,

더 많은 힘을 가진 사람입니다.

드라마의 주인공이 되면 새로운 길이 열린다?!

    수많은 TV 드라마가 시작하고 끝나기를 반복하지만 그 가운데 유독 인기를 끄는 드라마들이 있습니다. 특별히 인기 있는 배우가 나온 것도 아닌데 드라마가 큰 인기를 얻음으로써 순식간에 거물급 배우가 되어 브라운관에서 장수하는 경우도 많습니다.

    그 드라마들은 어째서 그렇게 인기를 얻는 걸까요? 그것은 권선징악으로 설명할 수 있을 듯합니다. 마지막에는 반드시 선이 이기고 악이 사라지는 스토리로 드라마가 만들어지기 때문입니다. 극악한 악인이 나와서 승승장구하는 것처럼 보이다가도 마지막에는 반드시 정의의 상징이 이기도록 합니다.

만약 악인이 등장하지 않았다면 주인공이 활약하는 하이라이트도 없을 것입니다. 또 악인 가운데 자신을 드러내는 활약을 보여 주지 않는다면 클라이맥스로 가지도 못할 겁니다. 주인공들은 그들을 괴롭히는 악인이 있어야만 빛나는 영웅이기 때문입니다.

사실은 인생도 드라마와 같습니다. 곤란과 역경이 있으니까 당신은 빛날 수 있고 충실감, 성취감, 행복감이라는 것을 실감할 수 있습니다. 그러니 힘든 현실에 이러지도 저러지도 못할 때에는 인생에 하이라이트를 만들어 주는 곤란에 감사해야 하지 않을까요?

그리고 "지금 나의 이야기는 클라이맥스로 가고 있어. 고난을 겪더라도 마지막은 해피엔드가 될 거야"라며 곤란함을 즐길 수 있을 정도의 기분으로 있어 보는 건 어떨까요? 곤란과 역경이 크면 클수록 보다 드라마틱한 행복한 결말이 기다릴 테니까요.

당신이 좋아하는 영웅이 되어 보길 바랍니다!

신이 주는 사랑의 매는 어떤 것일까?

당신이 신이 되어 천상에서 지상을 내려다본다고 해 보죠. 그리고 한 사람이 회사에서 일하고 있는 모습을 우연히 보게 됩니다. 그는 일에 보람을 느끼지 못하는 평범한 회사원입니다.

신인 당신은 그가 다른 회사에 취직하면 재능을 충분히 발휘하고 행복해질 수 있다는 것을 압니다. 이제 당신은 어떻게 할 것 같나요?

분명, 어떻게 해서라도 지금 다니는 회사를 그만두는 쪽으로 그를 이끌 것입니다.

하루라도 빠를수록 좋다고 생각한다면 갑작스러운 해고나

회사의 도산 등 조금씩 조금씩 강력한 방법을 사용할지도 모르겠습니다.

당장에는 해고나 도산을 경험한 그에게 있어서 느닷없는 불행이지만 멀리 내다보면 최선이라 생각되는 길을 걷게 하는 것입니다.

당신에게 일어나는 불운은 어쩌면 의미 있는 일로 바뀔지 모릅니다. 이 이야기처럼 신은 언제나 당신을 지켜보고 있다고 생각하세요.

신은 당신의 인생을 보다 더 나은 방향으로 안내하려고 합니다. 그래서 신은 제 역할을 못하는 것 같은 당신을 보며 애처로워할지도 모릅니다.

그렇게 생각하면 인간관계에서의 갈등, 실업, 실패, 사고, 병이라는 괴로운 일과 마주하더라도 일방적인 슬픔이나 운명을 저주하는 일은 없습니다.

"어쩌면 신이 내게 내리는 사랑의 매일지도 몰라" "이 일에는 나름의 의미가 있을 거야"라고 생각하며 감사해 보세요. 그렇게 "인생의 궤도 수정을 하는 것일지도 몰라" "새로운 것을 시작해야 할 시기일지도 몰라"라고 깨닫게 되면 인생의 다음 단계로 가는 길이 보일 것입니다. 당신의 불운을 바라는 신은 존재하지 않습니다.

기회는 위기의 모습을 하고 찾아온다는 말을 기억하세요.

3장

끝날 때까진 끝난 게 아냐

도망가는 습관을 죽여버리는 최고의 방법

"할 수 없어"라고 생각하는 것은 간단합니다. 그러나 "할 수 있어"라고 생각하는 것도 간단합니다.

그렇다면 지금까지 "할 수 없어"라고 생각해 왔던 것을 전부 "할 수 있어"로 바꿔 보도록 하죠. 머릿속 스위치를 살짝 눌러 보는 것입니다.

예를 들어 "일이 너무 바빠서 하고 싶은 것을 할 수 없어"라고 포기해 버리지 말고 '할 수 있어!'라고 믿는다면 하고 싶은 일을 할 시간은 의외로 간단히 찾을 수 있습니다.

"너무 피곤해서 운동을 할 기운이 없어"라고 접지 말고 우선 시작해 봅니다. 그러면 운동을 함으로써 오히려 삶의 의욕이 돌아오고 마음도 가벼워진다는 사실을 깨닫게 됩니다. 그때부터는 "할 수 있어"라고 의지를 앞세우기 전에 조금 더 편안하게 행동할 수 있습니다.

　대부분의 사람은 무언가를 시작하기 전부터 "할 수 없어" 라고 정해 버리고 행동을 하지 않습니다. 그러나 "할 수 있어" 라고 기대하고 가볍게 하나둘 도전하다 보면 다양한 가능성 을 만날 기회가 눈앞에 나타날 것입니다.

'할 수 있어!'라는 간단한 한마디 스위치로
적극적인 사람이 돼 보세요.

과거의 보물로 자신을 되돌리자

일에서도 사생활에서도 뭔가 잘 안 풀릴 때, 우리는 '잘 풀리지 않는 이유'에만 생각을 집중합니다. 왜 일이 잘 풀리지 않는지, 왜 애인과 꼬이기만 하는지에 대한 의문과 무력감으로 머리가 가득 차 버리죠.

그럴 때야말로 거침없이 기분을 바꿔 눈앞에 있는 골치 아픈 상황을 잊어버려 봅니다. 그 대신 예전에 성공했던 일을 떠올립니다. "지난주, 프로젝트가 안정권에 접어들어 엄하기로 소문난 부장한테 들은 칭찬은 지금 생각해도 기분 좋아"라고 뿌듯했던 때를 되돌아봅니다. 풀이 죽을 때 이 방법은 아주 효과적입니다.

만약 최근에 떠올릴 수 있는 흐뭇해할 만한 일이 없다면 어렸을 적까지 시간을 거슬러 가 보는 것도 괜찮습니다. 언제든 무슨 일이든 좋습니다. 이른바 자신의 성공 역사를 거슬러 가 보는 것이죠.

"중학교 때 아마추어 사진 콘테스트에서 우수상을 받았었지" "연습에 연습을 거듭했더니 이제 엄마 솜씨 못지않게 김밥을 잘 말 수 있게 됐어" "나도 모르게 어느새 자전거를 탈 수 있게 됐더라" 등. 이런 방법으로 자신의 성공을 역체험하는 것으로 당신의 근사함을 재확인할 수 있을 것입니다.

그렇게 '나는 한다면 하는 사람이야!'를 확인하고 자신감을 키워 한 번 더 눈앞의 문제와 맞서 봅니다. 긍정적으로 마음을 먹는 것만으로도 순조롭게 풀리는 일이 많습니다.

이 일은 지난번에도 해 봤으니
이번에도 할 수 있어.

처음엔 잘 안 돼도 괜찮아!, 다음이 있으니까

세상을 살펴보면 여러 분야에서 다양한 사람들이 활약하고 있음을 알게 됩니다. 올림픽 메달리스트가 된 육상 선수, 베스트셀러를 연이어 내놓는 소설가, 많은 유행을 만들어 낸 패션 디자이너, 비즈니스 세계에서 발군의 영업 성적을 올리고 있는 톱 세일즈맨 등 전혀 다른 분야에서 활약하고 있는 그들과 당신 사이에는 하나의 공통점이 있습니다.

'처음에는 모두 초보자였다'는 사실이죠. 처음부터 기술이나 실력을 갖춘 사람은 없습니다. 처음부터 완벽하게 하는 사람도 없고 처음부터 '무조건 잘할 수 있어'라고 확신할 수 있는 사람도 없습니다. 톱클래스인 사람도 처음은 무시당하거나 실패했던 적이 분명 있었을 것입니다.

그러니 무언가를 시작하려고 할 때는 처음부터 잘 해내기 위해 너무 무리할 필요가 없습니다. 의욕이 넘치면 오히려 긴장하거나 결과에 연연해 잘 풀리지 않을 수도 있으니까요.

"누구라도 처음엔 초보자야" "조금 못하면 어때!"라고 생각하면 긴장하지 않고 가벼운 기분으로 바라볼 수 있게 되죠. 어깨에 힘이 자연스럽게 빠지고 할 수 있는 것부터 하다 보면 그 자체를 즐기게 될 것입니다. 사랑도, 육아도, 공부도 이런 식으로 자연스럽게 임하면 좋은 결과를 빨리 얻을 수 있습니다. 조금씩 할 수 있는 것을 늘리면 자신감은 자연스럽게 강해지겠죠. 가벼운 마음으로 도전하세요.

겁이 난다면 떠올려 봅니다.
'누구라도 처음은 초보자'라는 사실을.

실패했다고 말할 수 있는 건 이미 끝난 일밖에 없다

"매일 고객을 만나지만 좀처럼 계약이 성사되지 않아."

"회의에서 안을 내도 매번 떨어져."

"매번 애인에게 차이고 말아."

이런 고민을 하고 있는 당신. 하지만 정말 언제나 당신만의 이야기일까요? 정말 매번 당신에게만 일어나는 일인가요? 수개월에 걸쳐 영업을 했음에도 단 한 건의 계약을 성사 못한 건가요? 100번, 200번 정도 안을 내놓았나요?

아직 고작 열 번 정도밖에 도전한 것이 아니라면 '언제나'가 아니라 '그때 우연히 잘 풀리지 않은 것뿐'일지도 모릅니다. 우연임에도 '나는 언제나 실패해'라고 일방적인 생각을 자신에게 적용하는 것은 경솔합니다.

실패는 행동을 일으키는 과정에서 일어나는 필연적인 사건이며, 누구라도 체험하는 것입니다. 심지어 처음에 실패할 확률이 높은 것은 당연합니다. 그러니까 실패가 몇 차례 계속된다고 해서 우울해질 필요는 없습니다.

"이번에는 우연히 잘 풀리지 않았던 것뿐이야" "다음엔 분명 잘될 거야" "

몇 차례 잘 풀리지 않은 정도라면 실패라고 부를 수 없어. 1000번 정도 해 보고 안될 때 처음으로 실패라고 할 수 있어" 등 이런 말을 되풀이해 보면 끙끙대는 기분이 산뜻하게 풀려 한 번 더 도전해 볼 기운이 생겨날 것입니다. 그래서 기운이 빠져 있는 사람에게 알려 주고 싶은 말이 있습니다.

우선 몇 번 도전했는지 세어 보세요!

가벼운 마음을 갖는 사람이 잘 풀리는 법칙

심리학에 '노력 역전의 법칙'이라는 것이 있습니다. "실패하지 않도록 하자"라고 무리하면 무리할수록 실패할 확률이 높은 것을 말합니다. 이유는 간단합니다. '실패하지 않도록'이라고 생각하면서 그 방향으로만 자신을 몰아가니 긴장한 나머지 중요한 부분을 놓치고 말기 때문입니다.

피아노 콩쿠르에 참가한 피아니스트가 연습할 때는 틀리지 않고 완벽하게 쳤던 곡을 정작 경연장에서는 너무 긴장해 틀려 버리는 일 등이 '노력 역전의 법칙'의 대표적인 예입니다.

사실 피아니스트는 콤플렉스가 있었던 것처럼 보입니다.

실패하고 싶지 않다는 강박감에 결국 실패를 맞는다면, 이 기회에 오히려 긴장감을 버리는 가장 간단한 방법으로 전환해 보는 건 어떨까요.

회의에서 처음으로 프레젠테이션을 맡았을 때나 결혼식 축가를 부탁받는 등 익숙하지 않은 일을 해야 할 때 긴장하지 않을 사람은 없습니다. 오히려 긴장하는 것이 당연합니다. 그럴 때는 "긴장하는 건 당연한 거야. 실패할 가능성도 높아. 그래도 밑져야 본전이니 도전해 보자"라는 가벼운 기분으로 바라보도록 해 보세요.

마음을 가볍게 하면 좋은 의미로 '돌변하는 일'이 가능할 수 있습니다. 그럼 긴장감도 어느 정도 사라지고 상당히 좋은 동기부여를 갖게 됩니다. 높지도 않고 낮지도 않은 만족감이 좋은 결과를 불러올 것입니다.

"그만큼 노력했으니까!"라고 당당하게
말할 수 있는 사람에게만 통하는 법칙입니다.

신경질적인 사람에게 필요한 일을 잘 푸는 방법

인간은 의식주나 가정생활에 관계하는 기본적인 욕구가 충족되면 이번에는 '사람들로부터 중요한 존재로 인식되고 싶다' '다른 사람보다 유능하면 좋겠다'라는 욕구를 품게 됩니다. 이것을 '자기 중요감에 대한 욕구'라고 합니다.

이 욕구가 있기 때문에 사람은 좋은 자리나 명예를 잡으려고 합니다. 그러나 이 욕구가 너무 강하면 다음과 같은 생각에 사로잡히는 경우도 있습니다. "사람들에게 인정받고 높은 평가를 얻으려면 실패는 절대 용납할 수 없어"라고. 그러면 타인의 눈이 아무래도 신경 쓰여 언제나 신경을 곤두세울 수밖에 없죠.

또 "실패를 한다면 꼴사나워져. 보기 흉해"라며 불안해한 나머지 마음도 몸도 위축되어 버립니다. 잘 풀리지 않았던 일만 생각해 자신을 잃고 본래의 힘을 발휘할 수 없게 돼 버리는 것이죠. 이러한 속박으로부터 자신을 해방하는 데 필요한 말이 있습니다.

"인정받지 못해도 괜찮아" "좋은 평가를 듣지 못해도 돼" "칭찬을 받지 못하면 어때?"입니다. "사람들이 뭐라고 생각하든 괜찮아"라는 생각을 갖는 것입니다. 그럼 무엇을 하려고 해도 부담 없이 있을 수 있습니다. 용쓰지 않아도 된다는 것이죠. 자신을 굳이 크게 볼 필요도 없고 괜히 잘난 척할 필요도 없습니다. 타인의 평가 등을 얻으려 애쓸 필요가 없다는 생각을 하게 된다면 나의 페이스대로 일에 몰두할 수 있게 되죠.

원래의 힘을 발휘할 수 있다면 어떤 일이든 잘 풀릴 확률이 현격히 높아지고 결과적으로 제일 바랐던 타인의 만족할 만한 평가도 듣게 될 것입니다.

평가는 애써 얻으려 하지 않는 것이 좋습니다.

불안해 어쩔 줄 모르겠다면 이것을 주목하자

무슨 일이 터지면 바로 풀이 죽어 자신감을 상실하는 사람이 있습니다.

잘 관찰해 보면 그런 사람들에게는 하나의 공통점이 있답니다. 안 좋은 쪽으로만 일을 해석하는 것이죠. 예를 들어 이런 분위기입니다.

메일을 보내도 답이 없다. → 무시당하고 있을지도 모른다고 생각한다.

요 며칠 동안 애인에게 연락이 없다. → 다른 사람이 생긴 것은 아닐까 불안해진다.

다른 회사에게 계약을 빼앗겼다. → 담당자에게 미움을 받을지도 모른다고 걱정한다.

답이 없는 것은 상대가 아직 메일 확인을 안 한 것뿐일지도 모릅니다. 애인으로부터 연락이 없는 것은 전화 걸 여유도 없이 일에 쫓기고 있기 때문일지 모르고, 타사에 계약을 빼앗긴 이유는 단순히 제안 내용이나 금액이 맞지 않아 이쪽과 타협이 되지 않을 가능성이 훨씬 높았던 때문일지 모릅니다.

그렇지만 쉽게 약해지는 사람은 몇 가지 가능성 중에서도 굳이 자신이 상처받을 만한 부정적인 선택지를 골라서 "틀림없을 거야"라고 단정해 버립니다. 저는 그것을 '마음의 조각 현상'이라고 부릅니다.

"그 사람은 나를 싫어했던 거야" "내가 나빴는지도 몰라" 하며 실제로 확인할 수 없음에도 마음의 소용돌이에 휘말리기 시작한다면 '이것은 혼자만의 억측일 뿐'이라고 자신을 타일러 봅니다.

그리고 억지로라도 좋으니 제일 자신과 관계없을 것 같은 '어떤 이의 사정'을 생각해 보세요.

"잊어버리고 있구나" "어차피 또 상사에게 잡혀 있겠네"

"나 때문이 아니야" "비 때문이야"라며 "너무 낙관적인 건가"라고 할 정도로 말이죠.

실제로 이런 사정은 의외로 많이 있답니다. 현실은 그리 쉽게 나쁜 방향으로 굴러가지는 않습니다.

불필요하게 자신을 구석으로 내몰 필요는 없습니다.

4장

위기를 기회로 바꾸는 말

실패로 끝나는 사람은 좋은 경험을 할 수 있다

어느 정도 일의 경력을 쌓는다 하더라도 매번 100점을 받는 사람은 그리 많지 않습니다. 어떤 일에도 실패는 따르기 마련이죠. 그렇지만 실패를 하는 데는 반드시 이유가 있습니다.

'납기일이 늦어진 것은 공장 진행 상황을 미리 체크하지 못했기 때문'이라든지 '프레젠테이션이 통과되지 않은 이유는 데이터 부족으로 설득력이 부족했기 때문'이라든지 등의 원인 말입니다.

이런 식으로 실패 이유를 발견하게 된다면 더 이상 실패하지 않을 확률이 높아집니다. 문제점이 무엇인지를 파악하고 이를 가치 있는 '경험'으로 바꿀 수 있기 때문이죠. 실패는 비약을 위한 점프대입니다.

　일이 잘 풀리지 않는 데 대해 환경만을 탓하고 남 탓만을 하거나 "어차피 난 무슨 일을 해도 안 되는 사람이니까"란 생각을 고착화시킨다면 될 일도 안 풀리게 마련입니다.

　문제점을 확인하고 개선한 다음 하늘 높이 훌쩍 날아오르게 될 것입니다.

이유를 알면 실패를 '좋은 공부'로 생각하고
도전할 수 있습니다.

'20% 불가능'과 '100% 불가능' 중 어느 쪽인가요?

손수 요리를 만들었는데 "맛이 별로네"라는 말을 들었다면 침울해질 수밖에 없습니다. 혹은 평소 존경하던 상사로부터 "기획서가 제대로 안 됐군"이라는 말을 들었다면 풀이 죽을 수밖에 없죠. 그러나 상대로부터 "NO"라는 대답이 돌아왔을 때 이 말을 2가지로 나눠 해석할 수 있다면 기분이 조금은 달라질 것입니다.

하나는 그 자체 100%로 문제인 경우입니다. 또 다른 하나는 몇 퍼센트만 문제로, 나머지 남은 부분은 가능한 경우입니다.

앞에 말한 요리의 예로 다시 설명하면 맛 내기나 불 조절

등에 실패하여 요리 자체가 맛없는 경우가 있을 것입니다. 또 실은 먹는 사람이 싫어하는 피망이 들어 있어서 피망 때문에 맛이 없었다고 말하는 경우입니다. 이 두 가지를 모두 생각해 보는 것입니다.

기획서 역시 마찬가지입니다. 전부 문제일지도 모르고, 아이디어는 좋으나 데이터 분석이 부족하다거나 예산 견적이 부실하다든가 부분적으로 문제가 있을지도 모릅니다.

만약 몇 퍼센트의 문제 때문에 "NO"라는 대답을 들은 경우 그것을 개선하면 "OK"라는 대답을 들을 가능성이 높아질 것입니다. 그러니 "NO"라는 말을 들었다면, 우선 이렇게 생각해 보는 건 어떨까요.

"100% 문제인가?" "전부 안 된다고 하는 건 아니지 않나?" "가능성은 아직 있어." 이렇게 생각하는 것만으로 "NO"라는 말을 들었다고 해서 기죽을 일도 없고 "개선해 다시 도전해 보자"라며 의욕으로 넘칠 것입니다.

1%라도 가능성이 있다면 만만세!
부족한 점을 깨달으면 발전하게 되는 법입니다.

근사한 아이디어를 얻기 위한 중요한 기술

상공 1,000미터에서 자신이 살고 있는 마을을 조망하게 된다면 당신은 어떤 생각을 하게 될까요?

"출근길, 자동차가 다니는 저 길은 의외로 혼잡하네. 앗! 저런 곳에 한산한 길이 있어. 내일부터는 저 길로 다녀야겠다. 저 공원은 집에서 조금 떨어져 있지만 제일 가까운 공원보다 햇빛도 잘 들고 나무도 많아. 쉬는 날 산책하기에 딱 좋을 것 같아."

분명 이런 식으로 생각지도 못한 발견을 했던 적이 한번쯤은 있을 것입니다. 시야를 넓히면 지금까지 보이지 않았던 무언가에 눈을 뜨게 되는 일이 많습니다. 특히 자신의 생각대로 일이 풀리지 않을 때, 이 방법은 아주 도움이 됩니다.

예를 들어 약속 시간이 한참 지나고 나서야 친구로부터 '늦을 것 같다'는 연락이 왔습니다. 부글부글 화가 끓어도 마음을 가라앉혀 냉정을 찾으면 '최근 새로운 임무를 맡아 매일 밤 골골해질 때까지 일하고 있어'라는 이야기를 친구로부터 들었던 기억이 떠오를지도 모릅니다. 그 기억으로 친구를 이해하는 마음이 솟아날 것입니다.

일에도 사랑에도 이 방법을 사용할 수 있습니다. 가령 상품이 잘 팔리지 않아 침울할 때는 보통 사람은 시야가 좁아져 버립니다. 하지만 시야를 조금 넓혀 현 상황을 바라보면 생각지도 않은 해결책이 나타날 가능성이 높아집니다. 다시 말해 그 상품에 연연하는 것이 아니라 다른 상품 판매에 집중하거나 손님의 니즈에 맞춰 보자는 발견이 가능하다는 이야기입니다.

또 주변으로부터 수다쟁이라고 불리는 남자 친구가 본인과 두 사람만 있을 때는 말 한마디를 제대로 하지 않는다면 '함께 있는 것이 즐겁지 않은 걸까'라는 생각에 불안해질지도 모릅니다. 그러나 침착하게 관찰하면 사실은 그 모습이 마음을 허락한 당신에게만 보여 주는 편안한 남자 친구의 모습임을 깨닫게 될 거예요.

　힘들 때 그리고 마음에 여유가 없을 때 "시야를 넓혀 보자"라고 의식해 보세요. 넓어진 시야만큼 마음도 넓어져 어느새 평온한 기분을 만끽할 수 있을 것입니다.

　　　　1,000미터 상공에서 바라보는 지구를 상상해 보세요!

고난을 행복으로 바꾸는 작은 습관

'괴로움'을 의미하는 한자는 '辛'이라고 씁니다. 재미있는 것은 '괴로울 신(辛)' 자에 옆으로 한 획을 더하면 행복을 의미하는 한자 '다행 행(幸)'으로 바뀝니다. 꽤 멋지지 않나요.

이 세상 많은 것들은 마음먹기에 따라, 그로 인해 변화하는 관점에 따라 이렇듯 정반대의 의미를 가져다 줄 수 있다는 뜻입니다.

당신도 지금 괴롭다고 느낀다면 괴로울 신에 한 획을 더해 다행 행이 되는 것처럼, 스스로를 시험하듯 뭔가 하나쯤 매일 매일의 생활에 행동을 더해 보길 권합니다. 괴로움이 행복으로 변하는 가능성을 느낄 수 있을 것입니다.

　물론 그 괴로움을 행복감으로 변화시키는 일은 지속적인 끈기가 있어야만 유지될 것입니다. 하지만 그 노력은 거창하지 않습니다. 일상의 자투리 시간을 활용해도 될 만큼 소소한 일들이 많습니다.

　만원 전철이 괴롭다면 1시간 일찍 전철을 타 보거나 평소 잘 읽히지 않던 장르의 책을 읽어 본다거나 하는 것이죠. 이렇게 하나하나 시험해 보는 것입니다. 무언가 행복으로 향하는 '한 줄의 선'이 될지도 모를 일이니까요.

　　　　　　　　언제나 다른 무언가를 하는 것으로
　　　　　　'괴로움'을 '행복'으로 바꿀 수 있습니다.

나쁜 것을 보내 버리기 위한 전쟁

애인에게 차이고 얼마 후 회사도 잘려 버렸다. 해외여행을 갔다가 소매치기를 당해 지갑을 뺏기고 결국 몸살로 드러누워 버렸다. 이처럼 인생은 일이 잘 풀리지 않고 불행이 계속되는 경우가 많습니다.

그럴 때는 이렇게 생각해 보세요. "이것으로 한 고비 넘겼다"라고. 이렇게 말하는 이유에는 두 가지가 있습니다.

원래 불행한 일이 계속 일어나는 것은 마음속에 쌓인 마이너스 에너지가 한 번에 들이닥친 경우입니다. 그리고 한 번 나타나면 마음 속 마이너스 에너지는 사라져 버립니다.

또 다른 하나는 '호전반응'과 관계가 있습니다. 만성병으로 괴로워한 사람이 한방약을 먹자마자 열이 높아지고 속이 뒤틀리는 등 일시적으로 증상이 악화되다가, 이내 거짓말처럼 회복했다는 이야기를 꽤 들었습니다. 이것은 몸속에 쌓여 있던 독소가 약의 작용으로 몸에서 밖으로 배출되면서 나오는 증상입니다.

그러니까 불행한 일이 계속 일어난다고 해서 운명을 저주하기만 한다면 이보다 슬픈 일은 없습니다. "마음속에 있는 나쁜 것을 꺼내는 것만으로 마음이 정화돼 깨끗해졌다"라며 오히려 기쁜 마음으로 마주해 보는 것은 어떨까요. 그리고 지금부터 찾아올 밝은 미래만 생각해 봅니다. 나쁜 것을 보내 버린 이상 더 이상 나쁜 일은 일어날 리가 없을 테니까요.

나쁜 일이 연달아 닥칠 때 당신의 마음은 혹독한 전쟁 중일 테지만, 걱정으로 무너져 내릴 필요는 없습니다. 곧 평화가 주어질 것이니까요.

거침없이 울고 난 후에는 속이 시원해집니다.
나쁜 일의 연속은 이와 마찬가지입니다.

불안의 나선을 끊는 일격

사무실에서 근무하는 일을 해 왔는데 갑자기 외근 업무를 맡게 됐습니다. 그것이 싫어서 다른 회사로 전근했는데 그곳에서도 외근 일이 맡겨져 버립니다. 직장에 너무너무 싫은 상사가 있습니다. 그곳에서 인사이동을 지원해 바라던 대로 다른 부서로 옮겼지만 또 비슷한 타입의 상사가 기다리고 있습니다.

당신도 이와 비슷한 경험을 한 적은 없나요? 이러한 인간관계나 곤란은 도망가려고 하는 한 계속 따라옵니다. '곤란은 도망가려고 하면 할수록 그 사람을 따른다'라는 법칙이 있습니다. 그러니까 만약 힘든 상황이라면 '어떻게 도망갈까'를 생각하지 말고 '어떻게 이겨 낼 수 있을까?'라며 정면으로 마주해 보세요. 그럼 자신이 두려워하는 것을 결국 이겨 내게 됩니다. 그럼 무서운 것은 없어지죠.

곤란을 극복하기 위한 가장 좋은 방법은 곤란을 마주하고 앞으로 나아가는 것입니다. "나는 도망가지 않을 거야"라고 자신에게 선언해 보세요. 재미있는 사실은, 곤란은 도망가려고 하면 할수록 어디라도 쫓아온다는 것입니다. 그렇지만 제대로 마주하는 사람에게는 생각지도 못한 보너스가 주어집니다.

예를 들어 별로 내키지 않는 외근 일을 피하지 않는다면 대화의 스킬을 몸으로 익힐 수 있게 됩니다. 껄끄러운 상사와 함께 일을 하게 된다면 앞으로 어떤 힘든 사람과도 함께 할 수 있는 인간적인 매력이 늘어날 것입니다. "또?"라고 생각되는 곤란이 있다면 슬슬 도망가야겠다는 생각을 그만두고 정면으로 마주해 보길 바랍니다.

'도망가지 않는 사람'에게 신은 특별한 보너스를 줍니다.

작은 일에 상처받지 않는 마음의 면역력

이런 격언이 있습니다.

'재앙을 만나는 시절에는 재앙을 만나는 것이 좋은 징조다. 그것이 재앙으로부터 벗어날 수 있는 유일한 묘법이다.'

일반적으로 "재앙을 맞닥뜨렸을 때는 허둥댄다 해서 해결되지 않는다. '되는 것만 되지 안 되는 것은 어쩔 수 없다'라고 마음을 고쳐먹으면 어떻게든 그 시간은 끝나게 되어 있다"라고 해석하기 십상입니다.

그러나 위 격언에는 실은 훨씬 더 깊은 의미가 있습니다. 이 말은 "재앙에 부딪혀도 예상과는 달리 간단하게 일이 해결될 수도 있다. 한 번 뛰어넘는다면 자신감도 붙는다. 그러면 같은 재앙을 만나더라도 두려워하는 일은 없어진다"라는 뜻으로 생각할 수 있습니다.

당신은 자전거 보조 바퀴를 떼어 내던 날을 기억하나요? 아직 균형을 잘 맞추지 못해 어른이 뒤에서 잡아 주지 않으면 불안해져 몇 번이나 뒤를 돌아봤던 것 같습니다. 그래도 어느새 적응이 되어서, 혼자서 타다 넘어질 듯해도 공포감이 줄어들죠. 결국 그동안 무섭기만 했던 자전거 타기가 재미있어졌을 것입니다.

어떤 고난도 한번 뛰어넘으면 마음에 면역력이 길러지게 됩니다. 그 덕분에 또다시 고난이 찾아와도 반드시 이겨 낼 수 있게 되는 것이겠죠. 소중한 사람을 잃거나 또는 당신이 병상에 드러눕거나 하는 등 고난이 찾아왔을 때에는 공연히 무서워만 말고 "이것으로 강해질 수 있어"라고 받아들이고, 할 수 있는 것을 하나둘 하면 좋을 것 같습니다. 긍정적인 마음은 고난을 간단하게 날려 버릴 정도의 힘을 갖고 있습니다.

마음을 단련하면 점점 강해지게 됩니다.

할 수 있는 일을 해도 안 되면, 리셋 버튼을

컵 안에 들어 있는 물이 오래된 경우에는 전부 다 버리고 깨끗한 새 물을 부으면 신선한 물로 말랐던 목을 축일 수 있습니다. 목욕탕 물도 탁해진 경우에는 그 물을 다 빼내고 새 물로 채우면 쾌적한 목욕을 즐길 수 있게 됩니다.

이 '물갈이 작업'을 인생에도 활용해 보도록 하죠. "최선을 다해 일하는데도 돌아오는 것이 없어" "꽤 오랫동안 그와 사귀고 있지만 정말 나는 행복한 걸까?" 등의 생각이 들 때가 있습니다.

노력도 하고 인내도 하며 해야 할 일을 하고 그것도 몇 번이나 도전했습니다. 그럼에도 상황이 바뀌지 않을 때는 주저 말고 스스로 인생의 리셋 버튼을 눌러 보는 건 어떨까요. 자신을 둘러싼 상황을 자신의 손으로 변화시켜 보는 것도 한 방법입니다.

심리학에서는 '원인과 결과의 법칙'에 따라 '새로운 원인'은 '새로운 결과'로 이끈다고 합니다. 지금 하는 일에 보람을 느낄 수 없다면 다른 부서 이동을 지원해 본다든가 전직을 고민할 수도 있습니다. 해외 유학이나 자격증 취득을 고민해 보는 것도 좋을지 모르겠습니다.

연인과의 관계에 의문이 든다면 거리를 두거나 새로운 인연을 찾아보는 것도 나쁘지 않습니다. 결혼이나 함께 사는 것 등 두 사람의 관계에 '변화'라는 양념을 더해 보는 것도 좋은 방법입니다. 이 역시 효과적인 변화법입니다.

가뿐한 마음으로 새로운 세상에서
파이팅해 보는 것도 좋습니다.

2부

바라만 봐도 좋은

1장

사랑도 일도 죽여주는 꿈

우선 특별하고 큰 소원을 갖자

땅을 파 3미터 깊이의 구멍을 만든 후 힘들게 팠던 구멍을 다시 메웁니다. 이 일을 아침부터 밤까지 반복합니다. 아득한 옛날, 중앙아시아의 어떤 나라에서는 이렇게 구멍을 파고 메우는 벌을 사형 다음의 무서운 형벌로 시행했다고 합니다.

그리스 신화의 시시포스가 떠오르실 겁니다. 바윗덩어리를 고통스럽게 산꼭대기로 밀어 올리면, 그 바위가 도로 아래로 굴러떨어져 다시 위로 올리는 일을 영원히 되풀이해야만 하는 시시포스.

끝도 없이 무엇도 이룰 수 없는 헛된 행동을 계속하게 해 '꿈과 희망을 끊어 버리는 벌'로 참을 수 없을 정도의 괴로움을 느끼게 하는 것이죠.

확실한 꿈이나 목표가 있기 때문에 사람은 그를 위해 주저하지 않고 달려드는 것입니다. 그리고 무언가를 성취하기 위해 노력할 때야말로 잠깐의 쉼도 즐거울 수 있습니다.

당신의 꿈은 무엇입니까? 유럽의 멋진 집에 사는 것? 세계 곳곳을 누비며 활약하는 것? 커리어를 쌓아 인정받는 것? 그 꿈이 당신의 매일을 색칠하는 양념이 될 것입니다.

그저 머릿속에서 그려 봤던 꿈이나 목표에

도전해 보길 바랍니다.

멈춤 장치를 떼어 내면 꿈을 이루는 힘이 10배

자격증을 따고 싶다. 여행을 가고 싶다. 이런 소망은 있지만 그것을 향한 한 발자국을 내디딜 용기가 끓어오르지 않는 경우도 있습니다.

그럴 때는 '꿈이 이루어지면 어떻게 하지'라며 이미지를 떠올려 보세요.

자격시험에 합격하면 경력이 쌓이는 것은 확실하고 독립 역시 꿈만은 아닐 것입니다.

내내 가고 싶었던 여행을 일주일 동안 즐기며 느긋하게 재충전할 수도 있습니다.

이처럼 희망하는 바가 이루어지면 생각지도 못한 '선물'을

받을 수 있습니다. 이 사실을 안다면 소망을 이루기 위한 열
의도 높아질 수밖에 없겠죠. 조금이라도 노력한다면 고생스
럽기만 하지는 않을 것입니다.

마음의 멈춤 장치가 단숨에 날아갈 것입니다.

선물이 많으면 많을수록

의욕은 넘칠 것입니다.

진심으로 원하는 가장 중요한 체크 포인트!

오랜 옛날 중국에 뛰어난 명의가 있었습니다. 어느 날, 그에게 한 장수가 찾아와 청했습니다.

"장수의 신분을 버리고 의학의 길을 걷고 싶습니다. 제자로 받아 주십시오."

너무나 간곡하게 부탁한 나머지 명의는 자신의 원칙을 버리고 장수를 형제로 받아들였습니다.

그런데 입문 당일, 의사는 그 장수를 보자마자 날카롭게 쏘아붙였습니다.

"역시 당신을 형제로 받아들이는 것은 힘들 듯합니다. 지금 당신 허리에는 칼이 있습니다. 무인의 길을 버리고 의사로 살아가고자 하는 마음은 진심입니까? 정말 의학을 공부할 생각이 있는 사람이라면 허리에 칼은 차지 않을 것입니다."

사실, 그 장수가 의학을 배우려 했던 이유는 관례가 까다로운 무인의 생활이 싫어져서였습니다. 게다가 의사는 돈도 많이 벌 수 있는 직업이었기 때문이죠.

하지만 과연 의학의 길이 생각한 만큼 그렇게 쉽기만 한 것일까요?

사람이 꿈과 희망을 품고 산다는 것은 아주 중요한 일입니다. 그보다 중요한 것은 그 꿈과 희망이 진심으로 바라는 것이어야 합니다.

마음에서 정말 바라고 꿈꿔야 열정도 넘칠 수 있는 법이죠. 꿈을 향한 진심이 있어야지 어떻게 해야 하는지 고민스러울 때 길이 보입니다. 즉, 좌절이나 포기로 이어지지 않고 엉뚱한 것을 선택하지 않는다는 이야기입니다.

누구나 힘든 현실로부터 도망가고 싶어질 때가 있습니다. 아니면 지금과는 다른 삶을 살고 싶을 때가 있습니다. 만약 현재 그런 마음이 든다면 가슴에 손을 얹고 "내가 진심으로 바라는 것은 뭘까?"라고 자신에게 물어보길 바랍니다.

자신에게 질문을 던지며 천천히 마음을 가라앉히면 정말 원하는 것이 무엇인지 보이게 됩니다.

'밥때를 잊을 정도로 집중할 수 있는 것'

그것이 행복의 열쇠입니다.

꿈을 이루기 위해 무엇을 할지에 대한 법칙

여행은 가기 전과 후, 3가지의 즐거움이 있다고 합니다. 첫 번째는 여행 일정을 계획하는 것, 두 번째는 아직 가 보지 못한 여행지에서 무엇을 하며 보낼지를 상상하는 것, 세 번째는 여행에서 돌아온 후 추억에 잠기는 것입니다.

그중에서도 제일 큰 즐거움은 두 번째로, 체류하면서 어떻게 무엇을 하며 보낼지를 상상하는 것입니다.

만약 하와이 여행을 계획하고 있다면 "파라세일을 하자" "로코모코나 로미로미 새먼은 꼭 먹어 봐야지!" 하는 것처럼 말입니다.

이렇게 상상을 하면 여행으로 가기 전에 해야 할 일이 명

확해지는 법이죠. 파라세일을 위해 다이어트와 수영복 구입하기, 로코모코가 유명한 레스토랑 조사하고 예약하기와 같은 계획을 세워 행동할 수 있게 된다는 이야기입니다.

앞으로 해야 할 일을 상상하면 지금 해야 할 일이 무엇인지를 알게 됩니다. 이루고 싶은 꿈이 있을 때도 이러한 행동 법칙을 그대로 적용할 수 있습니다. '세무사 자격증을 따 개업하고 싶다'라는 꿈이 있으면 우선은 국가시험에 합격을 목표로 하면 됩니다. 이를 위해 학원에 다니며 공부해야 할 필요가 있겠죠. 소설가가 되고 싶은 꿈이 있다면 우선 소설에 쓰일 주제나 소재를 찾아봅니다. 필요에 따라서는 취재를 가거나 관련된 자료를 모으는 등 작품을 완성하기 위한 여러 행동을 하게 되는 것이죠.

이처럼 지금 해야 할 일이 무엇인지 알면 주저하지 말고 하나하나 해 나가면 됩니다. 그러다 보면 다음에 해야 할 일도 보일 것입니다. 그것을 하나하나 쌓다 보면 자신도 모르는 사이에 꿈이나 희망이 현실이 돼 눈앞에 나타날 것입니다.

---

* 파라세일(parasail)은 낙하산을 메고 모터보트나 자동차 등에 이끌려 공중으로 나는 스포츠입니다. 로코모코(Loco Moco)는 하와이 요리로, 흰쌀밥 위에 햄버거와 달걀부침을 얹고 그레이비소스를 두른 것이 기본입니다. 로미로미 새먼(Lomi Lomi Salmon)도 하와이 요리 중 하나로 토마토 등 신선한 채소에 연어를 더한 샐러드를 말합니다.

'현재'에 집중해 보세요!

지금에 집중하는 것이야말로

앞으로 해야 할 일을 볼 수 있는 지름길입니다.

꿈 스케줄로 집중력을 높이면 24시간이 알차다

"내일 저녁까지 서류를 작성해 놓도록"이라는 명령을 상사에게 받았다면 대부분의 사람들은 그 시간에 맞춰 서류를 완성할 것입니다. 하지만 "시간 날 때 틈틈이 해 끝내도록 하게"라는 말을 들었다면 바로 손을 대지는 않을 것입니다. 어쩌면 까맣게 잊어버릴지도 모릅니다.

이유는 단순합니다. 이상하게도 인간은 시간제한이 있어야 뇌가 활발히 움직이기 때문이죠. 반대로 "언제라도 좋아"라고 한다면 좀처럼 시동이 걸리지 않습니다.

그럼 자신의 꿈이나 소망에 시간제한 장치를 설치해 보면 어떨까요? "언젠가는 할 거야"라고 생각한다면 뇌는 게을러

져서 어떤 일을 하려는 마음이 사그라질 수밖에 없습니다. 자격증을 따고 싶은 욕심이 있어도 자격증 시험 응시를 올해로 할지 내년으로 할지를 정하지 않는다면, 언제 의욕이 사그라질지 모를 일입니다.

그래서 결국 백화점 바겐세일 소식에 공부는 뒤로 하고 쇼핑을 갈지도 모르고 '지금은 즐기자'라는 여행사 광고 카피 유혹에 넘어갈지도 모릅니다. 눈치를 챘을지 모르지만 이러한 바겐세일이나 광고 카피는 모두 시간제한을 활용한 마케팅입니다.

그처럼 "올해 안에 합격하자!"라고 기한을 정하면 사람은 이를 위해 저절로 당장 해야 할 일을 하려고 합니다. 자연스럽게 의욕도 높아지고 '쇼핑이나 여행은 합격하고 난 후'라는 생각에 공부할 때 더 집중하게 되는 법이죠.

이처럼 하나의 일에 집중하지 않으면 동기부여는 떨어지기 마련입니다. 집중력이 떨어지면 열정이나 신념도 멀리 도망가 버리는 것이 인간의 습성입니다. 이와 함께 눈앞의 여러 가지에 의식을 넓히는 것 역시 인간의 습성입니다.

여기서 산만해진 의식을 바로잡고 집중력을 높일 수 있는 제일 간단한 방법이 바로 시간제한을 정하는 것입니다.

당신이 지금 희망하는 꿈을 이루는 데 얼마의 시간이 필요합니까? 깊이 고민 말고 가볍게 정해 보세요. **무엇이든 오케이입니다. 시간제한이 정해지면 희한하게도 현실이 됩니다.**

포기하지 않는다면
1분 1초도 쓸데없이 보내지 않을 수 있습니다.

꿈이 이루어진 순간을 위한 마음의 준비

'꿈이 이루어졌다.'

그 순간을 구체적으로 상상하는 것은 매우 중요합니다. 상상은 곧 잠재의식을 자극하기 때문입니다. 그리고 깨어난 잠재의식은 그 생각이 현실로 이뤄질 수 있는 방향으로 우리의 의식을 이끌죠.

여기서 하나 더 당신이 상상했던 꿈이 현실화되는 순간을 잡을 수 있는 비결을 가르쳐 주겠습니다.

우선, 꿈이 이루어지는 순간을 드라마틱한 스토리로 상상하는 것입니다. 그 자체만으로 마음에 품은 생각하는 힘이 강해질 수 있습니다.

방법은 간단합니다. '기승전결'에 맞춰 이야기를 짜 보는 것이죠. 기승전결은 이야기의 전개 요소를 말합니다. '기'는 이야기의 시작이며 '승'은 이야기가 전개되는 과정입니다. '전'으로 의미를 붙여 이야기를 더하고 '결'로 매듭을 짓습니다.

예를 들어 '단독주택에 살고 싶다'는 소망이 있다면 그 꿈을 이뤘다 생각하고 스토리를 상상해 봅니다.

기 → 친구가 집으로 놀러 온다.

승 → 집 안을 안내하며 심혈을 기울인 방 배치나 가구 등을 자랑한다.

전 → 친구가 멋진 접시 세트를 선물로 내민다.

결 → 친구가 준 접시 세트에 음식을 담고 집들이를 한다. 맛있는 음식과 멋진 인테리어에 칭찬을 받아 대만족!

이런 식으로 간단한 이야기를 1분에서 4분 분량 정도로 상상해 보는 겁니다. 한 줄에 그쳤던 꿈이 현실이 됐을 때를 구체적으로 상상해 이미지를 만들어 보는 것이죠. 그리고 하루에 몇 번이라도 마음속 자신만의 영화관에서 이 필름을 상영하며 '미래의 나는 바로 이런 모습일 거야'라고 자신에게 이야기를 들려줍니다.

자신을 위한 영화 상영은 잠재의식에 새겨져 꿈과 희망을
이룰 날을 더욱 가깝게 해 줄 것입니다.

이제 당신은 시나리오 작가입니다.

행복한 이야기를 만들어 보세요!

꿈을 이룬 3%가 그린 미래는?

미국의 한 심리학자가 100명의 비즈니스맨에게 "지금 종이와 펜이 주어져 그림을 그려야 한다면 무엇을 그리겠습니까?"라고 물었습니다.

그러자 100명 중 97명이 "사랑하는 사람의 얼굴을 그리고 싶다" "아내와 아이들의 얼굴을 그리고 싶다" "인상에 남았던 풍경을 그리고 싶다"라고 답했습니다. 그리고 나머지 3명은 이렇게 대답했습니다.

"미래의 나 자신의 이상을 그리고 싶다."

세 사람 중 한 사람은 기업가로 활약하는 자신의 모습을, 다른 한 사람은 식사를 기다려야 할 만큼 인기가 많은 레스토랑을 경영하는 자신의 모습을, 마지막 한 사람은 캐나다의 별장에서 사랑하는 가족과 애견과 함께 화기애애 살아가는 모습을 그리고 싶어 했습니다.

그로부터 20년이 지난 뒤에도 세 사람은 자신이 과거에 그렸던 '꿈을 이룬 자신의 모습'을 소중하게 간직하며 보관했습니다.

세 사람 모두 틈날 때마다 그림을 바라보며 꿈을 이룬 순간을 상상하는 것이 버릇이 됐습니다.

당신도 이 세 사람처럼 꿈을 이룬 자신의 모습을 종이에 그려 놓고 시간이 있을 때마다 들여다보는 것은 어떨까요. 그림을 잘 못 그린다면 자신의 꿈을 떠올릴 수 있는 풍경이나 인물 사진을 모으는 것도 좋을 것 같습니다. 그리고 그 그림이나 사진 등을 눈에 들어올 수 있는 벽에 붙여 두고 바라봅니다.

잠재의식은 말라 버린 스펀지가 물을 흡수하는 것처럼 당신이 생각하는 꿈과 희망을 받아들여 깊게 새길 것입니다. 벽에 붙여 놓은 그림과 사진을 보며 두근두근 기뻐하고 희망으로 가득한 미래를 느낀다는 것은 당신의 생각이 잠재의식에 깊이 뿌리박고 있음을 증명하는 것입니다. '나의 미래는 이렇게 행복하구나'라고 생각할 때마다 당신의 미래는 행복의 열매가 있는 곳으로 향할 것입니다.

수차례 미래의 모습을 상상하며
모형을 튼튼하게 만들어 보세요.

2장

바라만 봐도 좋아지는 폭풍 공감

정각의 법칙을 알면 노력이 필요함을 안다

이 세상에는 '정각의 법칙'이라는 것이 존재합니다. 이 법칙은 무언가를 얻으면 그와 함께 무언가를 잃어버리는 인생의 섭리를 말합니다. 말하자면 무언가를 욕심내면 그에 상응하는 대가가 반드시 필요하다는 것입니다. 당신이 어떤 물건을 살 때 그만큼에 달하는 돈을 지불해야 하는 것처럼 말이죠.

꿈이나 희망을 손에 넣으려고 할 때에도 예외는 없습니다. 돈, 시간, 노동, 노력, 어떤 이를 위해 하는 봉사 등 뭐든지 대가가 있어야 합니다. 변호사가 되고 싶다면 공부는 필수 요건입니다. 노는 시간도 없애고 묵묵히 공부를 해야 하는 대가가 필요한 것이죠. 날씬해지고 싶다면 식사를 줄이든지 지금까지 TV만 보며 뒹굴었던 시간에 운동을 해야 합니다.

일주일 정도 휴가를 받아 해외여행을 하고 싶다면 마음속으로만 생각하지 말고 실질적인 예약과 준비를 해야 하고, 또 여행을 가기 전에 할 일을 마무리해 놓지 않으면 안 됩니다. 여행 비용도 준비해야 하니 야근을 하거나 외식을 참고 돈을 모으는 일에 집중해야 할 것입니다.

그렇지만 꿈을 이루는 일이 결코 어려운 것은 아닙니다. 그렇다고 무엇도 하지 않고는 꿈을 이룰 수 없습니다. 꿈을 이루기 위해서 어느 정도로 대가를 지불해야 하는지 마음속으로 계산해 보는 것도 좋은 방법입니다. 미리 계산을 해 두면 성가시거나 힘든 일이 찾아와도 이 정도는 감당해야 함을 아니 여유롭게 받아들일 수 있을 것입니다.

그러니 '내가 하는 것만큼 성공도 커진다'라고 생각하고 즐겁게 넘어가 보세요. 어느 순간 꿈을 이루고자 앞을 향해 전진하는 당신을 만날 것입니다.

어차피 대가를 지불해야 한다면
마음 편하게 계산하는 것이 좋습니다.

아무리 노력해도 안 된다면 여기에 집중하라

꿈을 이루기 위해서는 그에 상응하는 대가를 지불해야 합니다. 이 사실을 머리로는 받아들이지만 몸이 움직이지 않을 때도 있을 것입니다.

행동으로 옮기는 것이 만만치 않고 동기부여도 좀처럼 일어나지 않는 그런 경우 말입니다.

물론 그럴 때도 있습니다. 이것은 파이팅을 위한 마음의 영양분이 부족하다는 사인입니다. 당황하지 말고 먼저 자신의 꿈이 무엇인지 되돌아보고 마음에 영양분을 듬뿍 보충해주세요.

제일 좋은 것은 꿈을 이뤘을 때와 그러지 못했을 때를 비교해 보는 일입니다.

예를 들어 "내 가게를 갖고 싶어"라고 생각하는 사람은 가게를 연 자신과 그러지 못한 자신을 다양하고 구체적으로 상상해 봅니다. "가게를 직접 경영하면 책임은 커지더라도 내가 생각하는 대로 손님을 즐겁게 할 상품을 만들 수 있을 거야. 인테리어도 나의 색깔에 맞게 내가 원하는 대로 할 수 있을 테고" 등을 생각할 수 있을 것입니다.

반대로 자신의 가게를 갖지 못한다면 "고용된 점원으로 일하며 내 판단이나 생각으로 할 수 있는 일이 없을 거야. 위에서 정해 준 대로 따라야 하니 상품 구입이나 인테리어도 경영자 방침에 어긋나면 안 되겠지"라고 상상할 수 있겠죠.

이렇게 두 경우 모두를 비교하면 자신이 마음으로부터 바라는 것이 어느 쪽인지 다시 한 번 분명히 확인이 됩니다. 역시 자신의 가게를 갖고 싶다는 마음을 확인했다면 "꿈을 이루기 위해 노력하지 않으면 안 돼"라는 생각을 모아 봅니다. 동기부여도 자연스럽게 높아지겠죠.

꿈을 이루기 위한 노력은 즐거워하지 않으면 손해입니다. 물론 때에 따라서 힘들어질 순간도 올 것입니다. 그럴 때는 바로 '비교 이미지'를 사용해 보세요. "그래 지금은 힘들지만 모두 나의 꿈을 위해서야"라고 생각하며 웃어넘길 수 있지 않을까요.

왠지 귀찮아질 때는
"어떤 미래를 원해?"라고 마음에 물어 가며
영양분을 보충하세요.

꿈을 현실로 이룬 사람의 수첩에 꼭 적혀 있는 것

"다음 주는 뉴욕에 여행 갈 예정이니 미리 준비를 해 두자." "모레 A 씨를 만나야 하니 그때까지 건네줄 자료를 준비하자." 이렇게 미리미리 해 두려는 배경에는 '별일 없이 예정대로 진행된다'라는 생각이 숨어 있습니다.

이와 같은 법칙으로 '꿈'을 다가올 일이라 생각하면 '예정'이 될 것입니다. 여행이나 약속을 위해 미리 준비하듯, 꿈이나 희망을 현실로 바꿀 수 있도록 계획을 짜 행동해 보자는 이야기입니다. 결과의 이미지를 미리 예상하고 순차적으로 일을 진행하면 기대치에서 어긋날 확률은 극히 줄어듭니다. 계획대로 움직이니 '정말 현실이 될까?'라는 불안은 조금도 못 느낍니다.

　대신 "어떻게 하면 예정에 맞출 수 있을까?" 하는 생각에 아이디어가 넘쳐 나지 않을까요. '반드시 예정대로!' '정말 현실이 될 거야'라는 기대감이 높아질 것입니다.

수첩을 열 때마다

미래의 나를 확인할 수 있습니다.

꿈을 이룬 후 바로 해야 할 일

그토록 바라던 일이 이루어졌을 때 "그래 이걸로 충분해"하며 만족하고 끝낸다면 어쩜 그만큼 아쉬운 일도 없을 것입니다. 거기에 머물지 말고 성취한 기쁨과 행복을 되새기며 "아직 더 할 수 있어" "좀 더 위를 목표로 해 보자"라고 보다 상위 랭크의 희망을 품기 바랍니다.

예를 들어 자격시험에 합격해 희망을 이뤘다면 다음은 독립해 회사를 차리는 새로운 꿈을 가져 보는 것이죠.

또 아침에 30분 일찍 일어나면 하루 일과가 달라짐을 느끼게 되고 그러면 규칙적인 저녁 시간을 갖기 위해 노력하게 됩니다.

꿈꾸던 일을 이뤄 낸 당신은 새로운 도전이 버겁기만 한 것은 아님을 이미 알고 있습니다.

그 열의를 갖고 바라는 것을 이루는 힘을 부지런히 길러 봅니다.

알지 못했던 새로운 자신을 발견해 보도록 해요.

꿈 하나를 이뤘다고 바로 멈춰 서지 않고 말이죠.

누구라도 보고 있는 사이에 좋아지는 공감의 법칙

단체 미팅에서 한 남자가 어떤 여자에게 말을 걸었습니다.

"너무 덥지 않나요?"

이 말에 여자가 대답했습니다.

"여름은 더운 게 맞죠. 사우나에 있다고 생각하면 좋지 않을까요?"

그런데 그 한마디에 남자는 심통이 났습니다. 여자는 그저 '덥다'라는 부정적인 상황을 긍정적으로 받아들이자는 의도였는데 남자는 왜 기분이 상한 걸까요? 아마도 남자는 그녀가 자기 의견에 공감해 주기를 바랐던 것 같습니다.

인간관계를 원만하게 하는 방법 중 하나로 이 있습니다.

그는 그녀에게 라는 공감의 말을 기대했던 것입니다. 행복을 불러들이기 위해 플러스가 되는 말을 많이 쓰는 것은 당연합니다. 그렇지만 그것은 다른 사람을 향해 무작정 부정적인 말을 던진다면, 그녀의 예처럼 상대의 기분을 부정하는 것이 돼 버리기 때문이죠.

이야기가 받아들여지지 않은 쪽은 그것이 중요한 주제가 아니더라도 기분이 좋지는 않을 것입니다. 부정적인 생각을 가진 사람은 더욱 그러할 것이고요.

"춥네요" "최근 불경기네요" "재미가 없네요"와 같은 부정적인 말에도 라고 웃는 얼굴로 고개를 끄덕이면 좋은 인상을 남길 수 있지 않을까요. 사소하지만 이런 작은 배려가 원만한 인간관계를 쌓기 위한 윤활유 역할을 한답니다.

부정적인 말을 "그렇군요"라고 부드럽게 받아들여도 나쁜 영향은 없습니다.

마이너스인 말이 상대의 마음을 여는 경우도 있다

한 여자가 오랜만에 친구들과 만나 레스토랑에서 즐겁게
식사를 하고 있을 때였습니다. 한 친구가 물었습니다.

"요즘 연애하고 있지?"

"아니, 인연이 나타나지 않아. 연애 운은 다한 것 같아."

여자는 농담처럼 말하고 웃어넘겼습니다. 이 말에 여기저
기서 웃으며 "나도!" "나도!" 해서 갑자기 분위기가 뜨거워졌
습니다.

그 여자의 말이 진심인지 농담인지는 잘 모르겠지만 "이제
는 안 되려나 봐"라는 부정적인 말이 당시 분위기를 부드럽
게 만든 건 사실입니다.

이처럼 마이너스가 될 말도 그 말을 내뱉은 사람이 유머가 넘치는 마음으로 즐거운 기분에서 했다면 우울한 미래가 굳이 찾아오지는 않을 것입니다. 마이너스가 될 말을 했지만 그 말이 잠재의식으로 들어갈 일도 없을 테고요. 오히려 주변으로부터 공감을 얻을 수 있어 서로 친밀도가 높아질지도 모릅니다.

마이너스가 될 말도 어떻게 사용하느냐에 따라 달라질 수 있다는 이야기입니다. 부정적인 대화가 이어진다고 하더라도 긍정적인 방향으로 주제를 바꾼다면 오히려 능숙하게 대화를 끌고 갈 수도 있습니다.

어떤 사람의 실패담은

왠지 더 듣고 싶어지는 법이죠.

칠흑 같은 어둠에는 은은한 빛이 제격이다

중국의 한 노승이 그의 제자가 되기를 희망하는 세 명의 젊은이에게 말했습니다.

"올해 여름은 정말 덥다고 하네."

그러자 그중 두 명은 다음과 같이 대답했다 합니다.

"정말 후덥지근한 건 싫습니다."

"흐르는 땀도 불쾌해 참을 수가 없어요."

그런데 마지막 한 명은 이렇게 답했습니다.

"그러네요. 그럴 때는 차가운 물을 마시면 더 맛있을 것 같습니다."

이에 노승은 "너는 꽤 쓸 만하구나" 하며 마지막 젊은이만 제자로 받아들였다고 합니다. 누가 들어도 불쾌하지 않고 오히려 좋은 분위기로 바꿔 보려는 젊은이의 마음 씀씀이에 노승의 마음이 움직였던 것이죠.

이러한 예는 일상에서도 흔히 찾을 수 있습니다. 야근으로 늦게까지 일을 해야 하는 무거운 분위기에서 "귀찮아" "빨리 퇴근하고 싶어"라며 누군가가 불만을 토한다면 주변에서도 짜증스러워할지 모릅니다.

반면 "야식으로 주먹밥을 먹으면 어떨까요?" "창밖에 별이 엄청 많이 보이네요!"라고 분위기를 바꿀 수 있는 한마디를 던지는 사람이 한 명이라도 있다면 문제는 달라질 것입니다. 한 사람의 한마디에 분위기가 부드러워져 이내 즐거운 야근이 될지도 모릅니다.

플러스 파워가 가득한 말이 아니어도 좋습니다. "맛있네요" "귀여워요" "아름답습니다" "즐거워" 등 은은한 불빛으로 주변을 환히 밝히는 램프처럼, 한마디로 분위기를 바꿀 수 있습니다. 칠흑 같은 어둠 속에는 작은 불빛이 제격인 것처럼 말이죠.

갑자기 태양처럼 강하고 밝은 빛을 본다면 눈이 멀지도 모릅니다.

상대를 편하게 해 주는 응원법

잘하려 애써도 시험에서 좋은 점수를 못 받는 아이에게 "더 노력해"라고 부채질하는 것보다 "너무 무리하지 않아도 괜찮아"라고 말을 건네면 오히려 점수가 오르는 경우도 있습니다.

이처럼 사람은 무언가 잘 안 풀릴 때에 "힘 내"라는 말을 들으면 오히려 마음이 무거워져 '점점 더' '자신이 없어져' 버리는 악순환에 빠질지도 모릅니다.

오히려 이럴 때는 "그리 애쓰지 않아도 돼"라는 말을 해 보는 건 어떨까요.

이 말은 상대의 작아진 마음을 치유하고 힘을 줘 의욕을 되살리기 위한 마음의 영양분이 될 수 있습니다.

　우선 응원을 보내고 마음의 상처를 치유해 주는 것. 용기를 내도록 하는 말은 그 후에 해도 늦지 않습니다.

"무리하지 마."

이 한마디로 위로를 받을 사람은 아주 많습니다.

3장

매력적인 사람이 사용하는 이것

성미가 까다로운 사람의 마음을 채우는 '질문'

만약 당신이 이야기를 듣는 입장이 된다면 이런 말을 많이 해 주세요.

"그렇구나. 그건 이런 것이네요."

"그래서 어떻게 됐어?"

"좀 더 자세히 듣고 싶어요!"

"즉, 그건 이런 의미인가요?"

이런 말들은 상대의 이야기를 이해하고 있음을 전하기 위한 혹은 상대가 말한 내용을 정리해 되돌려 주는 말입니다. 인간관계학에서는 이를 '답례의 테크닉'이라고 부릅니다.

이야기를 들으며 중간중간 이런 말을 전하면 상대방은 '이 사람은 내 이야기를 제대로 듣고 있어'라는 생각에 만족해할 것입니다. 이와 함께 만약 상대가 자신이 틀렸다는 것을 알았다면 "아니 그게 아니라…" 하며 한 번 더 설명할 기회가 생기니 어느 쪽이든 만족감을 느낄 수 있게 됩니다.

이렇듯 사람은 자신의 생각이나 체험을 누군가에게 전하고 싶은 욕구가 있습니다. 또한 이를 이해받고, 감동을 나누고 동감할 수 있기를 바랍니다. 답례의 테크닉은 그런 바람을 자연스럽게 이루어 주는 중요한 대화법입니다.

기분 좋게 대화할 수 있도록 답례의 기술을 자주 써 보길 권합니다. 특히 처음 만나는 사람과 무엇을 이야기하면 좋을지 모를 때 많은 도움이 될 거예요. 처음 만났음에도 기분 좋은 대화가 가능해 서로의 거리가 확 줄어드는 친밀감을 느끼게 될 것입니다.

사람은 모두 '수다쟁이'.
그러니 이야기를 들어줄 수 있는 사람한테 모입니다.

울보를 슈퍼맨으로 바꾸는 말의 힘

미국의 한 회사 사장이 5명의 세일즈맨을 불러 이렇게 전했습니다.

"조사 결과 여러분이 아주 우수한 사원이라는 사실을 알게 됐습니다. 우리 회사에서 이번에 명운을 걸고 발매한 신제품 판매에 여러분의 역량을 발휘해 주기를 바랍니다."

하지만 진실은 따로 있었습니다. 사실 그 5명은 영업부에서 무작위로 선발된 인원으로, 눈에 띌 만큼 좋은 성적을 낸 것도 아니었습니다.

하지만 사장의 한마디에 그 5명은 채 1년이 되지 않아 과거보다 3배의 성과를 올리며 경이로운 판매력을 보여 주었습니다.

아마 그들의 '인정받고 싶다' '특별한 사람이고 싶다'라는 욕구가 "여러분은 아주 우수한 사원입니다"라는 사장의 한마디 말에 분출됐다고 설명할 수 있을 것입니다. 5명의 세일즈맨은 사장의 단 한마디에 기운을 받고 기대에 부응하기 위해 노력한 것이죠.

그러니까 당신도 주변의 사람을 인정해 보세요. 예를 들어 그가 처음으로 만든 요리가 그다지 맛있지 않아도 "엄청 맛있어! 요리에 재능이 있는 거 아니야!"라고 칭찬하면 그의 실력이 상당히 늘어날지도 모릅니다. 또 청소를 도울 생각이었던 아이가 결국 목욕탕을 거품으로 가득 채워도 "도와줘서 고마워"라고 칭찬해 주면 다른 사람에게도 상냥한 아이로 성장할 것입니다.

직장에서도 복사를 대신 해 주는 신입사원에게 "언제나 도와줘서 고마워요"라고 한마디 해 주는 것. 칭찬을 듣는 것만으로 그 사람은 자신의 능력이나 의욕을 쑥쑥 향상시킬 수 있게 됩니다.

그 표현은 "당신 덕분으로 잘 해낼 수 있었습니다"라는 말로 언젠가 되돌아오게 됩니다.

　그렇게 누군가의 버팀목이 되는 것은 사람을 더 강하고 매
력적으로 만듭니다.

누군가의 칭찬 한마디에

자신의 근사함을 알게 됩니다.

확실히 전하는 능숙한 칭찬의 원칙

인정받고 있다고 상대가 느낄 수 있도록 칭찬할 때는 작은 요령이 필요합니다.

우선, 상대의 좋은 점을 기억해 두는 것입니다. 근무 태도, 성격, 취미, 소지품, 외모 등 무엇을 칭찬해 주면 제일 기뻐하는지를 알아 둡니다.

여기에 칭찬한 이유를 확실히 알 수 있도록 구체적으로 칭찬하는 것이 좋겠죠.

"그 보고서 전문가가 아닌 사람이 읽어도 쉽게 이해할 수 있어서 너무 좋다."

"그 원피스 옷깃 디자인이 여성스럽게 만들어져 무척 어울려!"

이런 말이 무의식적으로 입 밖에 나온다면 더욱 완벽할 것입니다.

누군가를 칭찬하면
자연스럽게 자신이 칭찬을 받는 일도 늘어납니다.

누구라도 감격하는 천하무적의 칭찬법

인생론 저자 중에서 유명한 한 작가가 이런 이야기를 했습니다.

"저는 독자로부터 '이 책, 많은 도움이 됐습니다' '그 책은 너무 재미있었습니다'라며 책의 감상을 들을 일이 많습니다만 제일 기뻤던 감상은 '이 책을 읽고 선생님의 상냥함이나 배려가 마음에 전해졌습니다' '선생님의 인격이 배어나는 것 같은 책이었습니다'라는 말을 들었을 때입니다."

인재 개발 기법의 하나인 '코칭'의 세계에서는 상대의 인간성을 평가하는 '최고의 칭찬'을 '인지의 법칙'이라고 부릅니다. 그 사람이 갖고 있는 물건이나 일의 실적을 칭찬하는 것보다 '그 사람 그대로의 것'을 칭찬하면 훨씬 높이 평가받는다는 것입니다.

예를 들어 오늘 입은 옷을 칭찬받는 것보다 전철 안에서 어르신에게 자리를 양보한 일에 대해 "마음 씀씀이가 좋다. 배려를 할 줄 아는 사람이군요"라고 칭찬받는 쪽이 왠지 더 인정받고 있는 기분이 들어 만족감도 커진다는 것입니다.

또 제안서가 통과된 것을 칭찬하기보다 상사에게 몇 번이나 설명하며 자신의 의견을 굽히지 않고 통과시킨 점에 대해 "정말 끈기와 의지가 강한 사람인 것 같아요"라고 칭찬하면 달성감도 남달라지는 법이죠.

그러니 당신도 '인지의 기법'을 사용해 상대의 인간성을 칭찬해 주세요.

"센스가 정말 좋아."

"사람을 마음에서부터 웃게 만드는군요."

"무조건 신뢰할 수 있는 사람입니다."

"사소한 것에도 마음을 쓸 줄 아는 사람이에요."

"마음의 상처를 알아주는 상냥함이 있어요."

무엇을 했느냐가 아니라 어떤 사람인가를 칭찬하는 것입니다.

이 한마디로 인해 상대의 마음에는 자신감이라는 씨앗이 돋아날 것입니다.

실패했다 하더라도

당신의 가치는 변하지 않습니다.

노고를 알아주면 상대는 치유받는다

오랜만에 해산물을 듬뿍 넣은 특제 카레라이스를 만들어 친구들을 불러 모았습니다. 그때 "너무 맛있어! 또 먹고 싶을 것 같아"라는 말을 듣는 것과 "이런 건 처음이야! 만드는 데 시간 꽤 걸렸지? 너무 맛있어! 다음에 또 먹고 싶다. 정말 고마워"라는 말을 듣는 것, 어느 쪽이 더 기쁠 것 같나요?

분명 후자가 훨씬 기쁠 것이라는 사람이 많을 듯합니다. 왜냐하면 후자의 말에 의해 카레라이스를 만든 사람은 요리할 때 느꼈던 '어려움'과 '노고'를 인정받는 것 같기 때문입니다. '어려움'이나 '노고'는 인정받는 것만으로도 순식간에 사라질 수 있기 때문이죠. 그래서 힘들었지만 만들길 잘했다라고 생각하게 되는 것입니다.

　이처럼 사람은 누구나 '어려움'이나 '노고'를 인정받고 싶어 합니다. '내가 힘들었던 점을 알아주었으면 좋겠다'라고 생각하는 것이죠. 그러니 상대를 칭찬할 때는 결과만이 아니라 과정에 대해서도 칭찬을 해 줄 수 있다면 좋겠습니다.

　"날씨도 더운데 밖에서 일하느라 힘들었죠. 수고하셨습니다."

　"바쁜데도 어렵게 만날 시간을 만들었네. 일을 빨리 마치느라 고생했겠다. 고마워."

　"오늘을 위해 멋진 옷을 입었네요. 잘 어울려요. 멋지다."

　알아주는 사람이 있다고 생각하면 기분이 좋아집니다. 그리고 이렇게 칭찬해 주는 사람은 다시 또 만나고 싶어지는 법입니다.

　　　　　　　　　　　　　　　　　상상을 해 보면
　　　　　　　　　　　　알 수 있는 것이 아주 많이 있습니다.

가까운 사람이야말로 마음을 써야 한다

미국 심리학자 에릭 번에 의하면, 사람은 다음과 같은 5가지 커뮤니케이션 스타일로 상대의 마음을 살핀다고 합니다.

① 비판적이고 엄격한 태도로 상대를 관리하려는 자세
② 상대를 다정하게 보호하려는 자세
③ 냉정하고 침착하게 이성적으로 다가가는 자세
④ 아이처럼 천진난만한 자세
⑤ 상대방에게 순응하는 자세

그중에서 ①의 스타일은 직장에서 상사가 부하를 관리하

고 지도할 때나, 아이들의 잘못을 혼낼 때 효과적이라고 합니다. 다만, 안 좋은 점은 이 자세만 유지하면 인간관계가 악화될 수 있다는 것입니다.

"녹즙이 몸에 좋아. 자네도 녹즙으로 하게나."

"서른다섯 살 전에는 무조건 결혼해야지."

"이 옷 왜 산 거야? 뚱뚱해 보이잖아."

혹시 이런 말로 자신의 가치관을 다른 이에게 강요하지는 않습니까? 이런 말들은 가까운 사이라면 쉽게 내뱉기도 하지만, 듣는 쪽은 잘못을 질책당한 듯한 느낌이 들어 반감을 살 수도 있습니다.

오랜 시간 만나 온 상대일수록 편한 마음에 자신의 사고를 강요해 대고 있었는지도 모릅니다. "사람은 누구나 각자의 취향이 있어. 가치관도 다르지"라고 한 번 더 생각하고, 의견을 강요하는 자신을 멈춰 보는 건 어떨까요.

상대의 취향이나 마음을 단정 짓지 않는 것. 같은 사람조차 기분이나 시간에 따라 취향은 변할 수 있기 때문입니다.

다름의 즐거움을 아는 것은
좋은 관계를 쌓는 비결입니다.

천재 과학자가 발명한 로봇에서 찾은 아쉬운 점

아주 오래 전 미국 SF 영화에 이런 장면이 등장합니다. 한 천재 과학자가 보통의 인간과 같은 지성과 교양을 겸비한 로봇을 만들어서 도우미로 사용할 수 있다는 광고를 해 부자들에게 판매하려고 했습니다.

그래서 한 부자가 이 로봇이 어디까지 사람을 도울 수 있을지 테스트를 해 보기로 합니다. 그런데 테스트 당일, 로봇은 '필요 없음'이라는 낙인을 받게 됩니다. 아이러니하게도 한겨울 애견과 산책을 갔다 돌아온 부자에게 로봇이 뜨거운 홍차를 내놓았기 때문이랍니다. 로봇은 추운 바깥에서 돌아온 부자를 위해 일부러 뜨거운 홍차를 내놓았던 것이었습니다.

사실 사람이라도 여기까지 신경 쓸 수 있는 사람은 그리 많지 않을 것입니다. 그런데 왜 부자는 '필요 없음'이라고 생각한 것일까요?

이에 대해 부자가 답했습니다.

"애견과 함께 많이 걷고 뛰면서 나는 상당히 목이 말라 있었다. 집에 도착했을 때는 갈증으로 지쳐 있었는데 이때 뜨거운 차를 내놓으면 마실 수 없지 않은가?"

로봇은 '마른 목을 축이도록 벌컥벌컥 마실 수 있는 차가운 음료를 원한다'라는 부자의 생각을 공감하기가 어려웠던 것이죠.

공감한다는 것은 예를 들어 상대의 뼈가 부려졌을 때 느끼는 아픔과 같은 통증을 느낄 수 없다 하더라도, 그 괴로움을 살펴 위로하는 마음을 갖는 것을 의미합니다. "어떻게 하면 이 사람을 기쁘게 할 수 있을까" "이럴 때에는 무엇을 해 주면 저 사람에게 도움이 될까"처럼 상대와 공감한다면 자연스럽게 그 해답이 보일 것입니다. 그것을 실제로 해 보는 것으로 마음속 배려도 서서히 크게 자랄 것입니다.

당신이라면 어떻게 하기를 원하나요?

누군가의 도움이 나를 빛나게 한다

한 회사에 일 잘하는 청년이 있었습니다. 그는 언제나 이 말을 입 밖으로 내뱉었습니다.

"내 영업 성적이 오른 이유는 보이지 않는 곳에서 상사가 도와줬기 때문입니다."

"이 계약을 따낼 수 있었던 것은 동료나 후배가 뒤에서 받쳐 줬기 때문입니다."

굳이 듣지 않아도 눈치챘겠지만 그는 승진을 했습니다. 하지만 승진 후 그는 이상하게도 점점 일이 잘 풀리지 않았습니다. 이유가 뭐라고 생각하세요?

간단합니다. 승진 후 그는 전과 달리 유능한 부하가 말하는 것을 듣지 않거나, 거래처와의 계약을 하나둘 깨거나 거래처를 옮겼기 때문입니다.

그리고 청년이 승진함과 동시에 입버릇처럼 했던 말도 원인 중 하나로 여겨집니다.

"자네가 일할 수 있는 것은 내가 상사이기 때문이야."

"내가 눈을 감아 줘서 자네가 공을 세울 수 있었던 거야."

오만해지면 사람은 멀어져 가고, 겸허한 자세를 가지면 사람이 가까이 오게 되어 있습니다. 이것은 법칙이라 할 것까지도 못 됩니다.

'누군가의 도움이 될 수 있어 기쁘다' '남에게 폐를 끼치면 면목이 없어 쥐구멍이라도 숨고 싶다'라고 생각하는 것이 인간의 심리입니다.

그러니까 상대를 치켜세우면 상대는 자신이 당신에게 필요한 사람임을 느끼고 더욱 힘을 내게 될 것입니다.

당신 옆에 있는 것을 편하게 생각하고 가까워질 것입니다.

괴물이 돼 버린 그를 교훈으로 반면교사 삼아 언제나 겸허한 자세를 가져 보도록 해요.

개인적으로도 공적으로도 순조로운 때일수록 "여러분 덕

분입니다" "당신 덕분이에요"를 입버릇처럼 말하며 감사와 겸허함을 잊어버리지 않도록 해야 할 것입니다.

"여러분 덕분입니다"로 인기인이 돼 보세요!

4장

줄줄이 이어지는 행운의 도미노

연달아 좋은 일로 이어지는 도미노 법칙

행동심리학에는 도미노 법칙이라는 것이 있습니다. 예를 들어 풀코스 중국 요리를 먹을 때 처음에 나온 전채 요리가 맛있었다면 "이 레스토랑 요리 맛있네. 다음에 나올 요리도 맛있을 것 같아"라는 기대를 하는 것과 같습니다.

실제로 다음 요리 역시 맛있으면 "여기 요리사 실력이 좋은 것 같아. 뭘 먹어도 이렇게 맛있으니 말이야"라고 확신에 차 그 레스토랑 요리는 모두 다 맛있다고 생각되어 만족스럽게 식사를 마치게 되는 법이죠.

이처럼 '도미노 법칙'은 처음부터 좋은 인상을 품으면 그것이 계속 이어지는 일종의 연쇄적 심리 작용을 말합니다. 물론 그 반대로 안 좋은 일에도 적용할 수 있습니다만 굳이 나쁜 일은 생각 말고 의식적으로라도 자신에게 플러스가 될 '도미노 법칙', 즉 '좋은 일의 연속'을 일으켜 보기를 권합니다. 방법은 간단합니다.

아무리 사소한 일이라도 좋으니 '이건 횡재야!'라는 생각이 든다면 "횡재했어!"라고 외쳐 보는 것입니다. 예를 들면 이런 식으로 말이죠.

"만원 전철에서 앉아 가다니 오늘은 아침부터 재수가 좋은 것 같아."

"점심시간 줄을 서도 겨우 먹을까 말까 한 한정 런치 세트를 먹게 되다니 오늘은 정말 운이 좋아."

"오늘은 운이 좋게도 은행에서 기다리지 않아도 됐어."

이처럼 적극적으로 입 밖에 내며 좋은 일이 일어나도록 해 보는 것이죠. 별 일 아니지만 조금은 오버다 싶을 정도로 좋아하다 보면 정말 '연속적으로 좋은 일'이 일어날지도 모릅니다. 또 기분 좋은 일을 메모하며 '행운의 일기'를 써 보는 것도 추천합니다. 이상하게 일기장에 적힌 일들을 보는 것만으로도 '내 인생이 제법 괜찮구나' 하는 생각이 들며 기분이 묘해진답니다.

사소한 일이라도 "횡재했어!"라고 긍정적으로 생각할 수 있
다면 다음에 따라오는 일도 재수 좋은 일로 바뀔 것입니다.

"예쁜 것을 봐서 좋아" 또는

"좋아하는 사람과 얘기할 수 있어 기뻐"와 같은

'작은 횡재'가 모여 큰 행복이 됩니다.

행복의 암호 사용설명서

"이 펜으로 시험을 보면 합격해."

"오른쪽에서 3번째 개찰구로 들어가면 언제나 앉아서 갈 수 있어."

"푸른색 블라우스를 입으면 이상하게 일이 순조롭게 풀려."

얼핏 생각하면 단순하기까지 한 법칙. 그러나 만약 당신이 이처럼 어떤 것에 연연해하는 타입이라면 오히려 이를 고집 하는 것이 행운을 불러오는 방법 중 하나일지도 모르겠습니다. 잠재의식은 암시에 걸리기 쉽기 때문이죠. 만약 당신이 "그래 이거야!"라고 생각하면 거짓말처럼 암시에 걸려 정말 현실이 될지도 모릅니다.

이처럼 색이나 숫자 등 '행복을 부르는 암호'를 잠재의식에 넣어 보는 겁니다. 그것만으로도 안심, 집중력, 결단력을 보일 수 있는 스위치가 켜져 정말 좋은 일이 벌어질지도 모릅니다. 예를 들어 뭔가 기분 좋은 일이 일어났다면 입고 있는 옷이나 구두 색깔, 소지품 등을 확인해 보세요. 만약 숫자 8이 행운을 불러 주는 열쇠라고 생각된다면 영화관 좌석이나 로커 번호를 고를 때 8이 들어가는 번호를 선택해 보는 것입니다. 녹색을 가까이했을 때 운이 따랐다면 중요한 손님을 만날 경우 등에는 녹색이 들어간 옷이나 명함이 있다면 좋겠네요.

이렇게 잠재의식이 깨어날 수 있는 스위치에 빨간 불이 들어왔다면 다음은 당신이 생각한 대로 움직일 가능성이 더 커질 것입니다. 색, 모양, 숫자 등이 '행운을 부르는 암호'로 스위치 역할을 제대로 해 줄 테니까요.

당신에게 행운의 색은 뭔가요?

행운의 번호는?

더 많은 욕심을 내야 할 때

'천지인'이라는 말이 있습니다. 이 말은 싸움에 이기거나 일을 성공하게 하는 데 필요한 세 가지 조건으로 '지(地)'는 예상치 못한 이점, 즉 전투에서 유리한 그 지역 풍습이나 생활 환경을, '인(人)'은 사람의 화합으로 원만한 인간관계를 말합니다.

마지막으로 '천(天)'은 하늘의 시간입니다. 쉽게 풀어 말하면 타이밍이나 좋은 기운을 표현하죠. '천'에 의해 좋은 기가 찾아오면 어떠한 일도 잘 풀린다는 것입니다. 만약 좋은 일이 줄줄이 일어난다면 당신은 지금 '하늘'의 좋은 기운을 만나고 있다는 증거입니다. 이럴 때에는 이 기운을 지키려고만

하지 말고 공격적인 자세로 더 많은 일에 도전해 봅니다.

이는 '도미노 법칙'을 유용하게 쓰는 방법이기도 합니다. 좋은 기운이 움직이고 있다 생각하며 "더욱 '좋은 일'이 많이 일어난다"고 자신에게 주문을 걸며 적극적으로 행동을 해 보는 것이죠.

그동안 배우고 싶었던 것이나 해 본 적 없는 일에 도전해 보거나, 희망하던 부서로 이동을 지원하거나, 예전부터 마음에 두었던 사람에게 슬쩍 식사를 권해 보거나, 주저하지 말고 독립해 내 회사를 만들어 보는 것입니다.

좋은 운이 상승하고 있음을 느낀다면, 바로 그 순간은 평상시 좀처럼 할 수 없었던 것을 해 볼 기회입니다. 새로운 세계에 발을 내밀 때마다 운이 따른다 생각하면 무언가를 만날 수 있는 가능성도 높아지지 않을까요.

'운을 다 써 버리는 건 아닐까'라고 걱정할 필요는 없습니다.

행운은 또 다른 행운을 불러옵니다.

행운이 2배로 많아지는 '나눔'의 기적

시골의 한 작은 마을에 살고 있는 할머니 이야기를 해 보려 합니다. 마을 회관에서 열린 할머니의 구순 잔칫날, 300여 명의 많은 사람들이 모였습니다. 고향을 떠나 도시에서 일하고 있는 마을 출신 의사나 변호사까지 시간을 내 달려왔다고 합니다. 이렇게 많은 사람들이 90세에 접어든 한 할머니의 생신 잔치에 자신들의 일을 제쳐 두고 참석한 이유는 뭘까요?

거기에는 '복은 나눈다'라는 할머니의 '나눔 정신'이 있었습니다. 일찍 남편을 여읜 할머니는 줄곧 혼자서 식당을 운영하며 일부러 많은 반찬을 만들어 이웃에게 나누어 주었습니다. 좀처럼 구하기 힘든 재료가 들어온 날에는 "혼자 먹으면 무슨 맛이 있어. 많은 사람들과 함께 먹어야 제맛이지" 하며 아낌없이 이웃과 함께했다고 합니다.

한번은 이런 일도 있었습니다. 운 좋게 복권에 당첨된 할머니에게 상당한 고액이 수중에 들어왔을 때도 자신을 위해서가 아니라 가난한 학생들을 위해 당첨금을 선뜻 내놓았답니다. 구순 잔치 마당으로 한걸음에 달려온 의사나 변호사는 당시 할머니의 도움을 받았던 학생들이었던 것이죠.

복은 '나만 좋으면 그걸로 됐어'라는 마음을 가진 사람 곁에는 찾아오지 않습니다. 그러니 당신도 '모두의 행복은 나의 행복'이라는 마음으로, 이 할머니처럼 '나눔의 정신'을 갖고 살아갔으면 좋겠습니다.

'이 사람에게도, 저 사람에게도,
이름을 알지 못하는 그 사람에게도
모두 나눠 주고 싶어!'

돈이 없어도 이것으로 충분한 저금이 가능하다

저는 이 세상 어딘가에는 '우주 은행'이 존재한다고 생각합니다. 하지만 우주 은행에 맡겨 두는 것은 돈이 아니라 사람에게 진심을 다하는 마음, 혹은 사람을 기쁘게 하는 '덕(德)'입니다. 차곡차곡 덕을 쌓아 만기가 되면 거기에 맞는 양만큼 은혜가 '행운'으로 되돌아오는 것이죠. 우주 은행은 이런 시스템으로 운영됩니다.

하나 더 보태면 자신이 힘든 상황임에도 자신보다 더 곤란에 처한 사람을 위해 애쓴다면 몇 배에서 몇십 배까지 덕이 쌓여 이른바 '은혜 저금'이 될 수 있답니다. 여기에다 곤경에 처했을 때에도 덕을 쌓으면 막대한 이자까지 붙습니다.

우주 은행이 있다 생각하고, 당신도 자신이 힘들 때나 고민에 빠져 있는 때일지라도 "내가 할 수 있는 일은 뭘까?"라고 상대를 위해 진심을 다하는 방법을 생각해 보길 바랍니다. 빠듯한 살림이지만 장사가 안 돼 고민인 친구 가게에서 물건을 사거나, 이래저래 바쁘지만 이사를 도와줬음 하는 지인의 부탁을 들어주는 것. 자신의 일이 잘 풀리지 않아 기운이 빠지지만 동료나 후배가 일하며 느끼는 고민을 들어줘 보는 겁니다.

할 수 있는 범위 내에서 하는 것만으로도 좋습니다. 이렇게 해서 누군가에게 도움이 되도록 애쓴다면 인생은 놀라울 정도로 호전된다는 것을 실감하는 때가 바로 찾아올 것입니다.

어떤 사람을 위해 무언가를 하는 것은
자신을 위한 일입니다.

아군이 많아지면 365일 행운이 이어진다

행운은 자신의 힘으로 끌어들일 수 있는 것과 다른 사람의 힘으로 인해 오는 두 가지가 있습니다.

자신에 의해 끌어들이는 행운은 "다이어트에 성공했어!" "열심히 공부해 국가시험에 합격했어!"와 같은 것입니다.

이에 반해 타인의 힘에 의해 끌어들일 수 있는 행운은 "손님이 많아져 가게가 번창하고 있어" "부장님이 끌어 준 덕분에 과장으로 승진할 수 있게 됐어" "유산을 물려받았어" 등이 될 것입니다.

중요한 것은 대부분의 '행운은 타인의 힘에 의해 오는 경우가 많다는 점입니다. 비교해서 말하면 3 : 7 정도입니다. 당신의 매일이 '좋은 일'로 가득하다면 그것은 다른 사람의 힘이 없고서는 있을 수 없는 일입니다.

그럼 '행운'이 많이 왔으면 좋겠다고 생각한다면 어떻게 타인의 힘을 내 편으로 만들지를 생각해 보도록 해야겠죠. 그것을 위해 어려운 타인을 위해서가 아니라 자신이 베푼 덕은 돌고 돌아 자신에게 돌아온다는 것을 믿고, 평소에도 다른 사람에게 상냥하게 대하는 습관을 길러 보도록 합니다.

바빠 보이는 동료가 있다면 일을 도와주기, 길을 헤매는 사람을 만나면 안내해 주기 등. 작은 친절은 우주 은행에 '은혜 저금'으로 모여 분명 우주를 돌아 미래에 자신에게 돌아올 것입니다.

오래전부터 전해 오는 말에
행복의 힌트가 숨겨 있는 것과 같은 원리입니다.

아는 것만으로도 행복해지는 단순한 법칙

희망을 품는 것도 중요합니다만 "이것으로 충분해"라고 만족할 줄 아는 '넉넉함의 정신'을 갖는 것도 필요합니다. 만약 원하는 것이 끝이 없다면 행복을 맛볼 수 없게 될지도 모르기 때문입니다.

예를 들어 가전제품은 신제품으로만 고집하는 사람은 최신 기능을 겸비한 신제품을 손에 넣은 순간에는 행복하다 느끼겠죠. 그런데 얼마 후 새로운 종류가 나오면 다시 신제품이 갖고 싶어져 처음 느끼던 행복감이 점점 옅어져 갈 것입니다. '넉넉함의 정신'이 없다면 언제나 욕구불만으로 정신적인 편안함을 갖기 힘들 수 있습니다.

잊지 말아 주세요. 행복한 인생은 부자가 돼 대저택에서 사는 것, 최신 제품에 둘러싸여 생활하는 것과 같이 물질적으로 넘치는 상태를 말하는 것은 아닙니다. 언제나 지금 있는 것으로 만족하고 "이것으로 충분해!"라며 '넉넉한 정신'에 따라 마음을 채우는 일입니다. 지금 이대로 충분하다고 생각하는 사람은 좋은 일이 일어났을 때도 감사할 줄 압니다. 무엇보다, 작은 일에도 감사할 줄 아는 마음은 더 많은 행운을 불러옴을 기억하길 바랍니다.

"지금 있는 모든 것에 고맙습니다!"

3부

그래도 긍정적으로

1장

긍정적으로 넓게 생각해

마음만 먹으면 외국어도 유창하게 할 수 있다

영어를 한마디도 못하는 여성이 마음먹고 영어 학원에 다니기 시작했습니다. 쾌활한 라틴계의 외국인 강사는 "이해가 빠르군요. 발음도 훌륭합니다!"라며 큰 소리로 몇 번이나 그녀를 칭찬했습니다.

칭찬에 용기를 얻은 그녀는 "그래, 내게 재능이 있을지도 몰라!" "나도 잘할 수 있어"라는 생각으로 강한 의욕을 드러냈죠. 결국 고작 1년여 만에 그녀는 해외여행에서도 거침없이 영어로 대화를 나눌 수 있게 됐답니다.

만약 그녀가 강사로부터 칭찬을 받았을 때 '어차피 그냥 하는 말이겠지?! 입바른 아부성 발언일지도 몰라' '지금부터 시작하면 무리인 건 당연해' 등 의심하며 자신감 없이 생각했다면 1년 만에 유창하게 영어로 말할 수 없었을 것입니다.

많은 일들이 마찬가지입니다. '마음만 먹으면 무엇이든 할 수 있다'라는 사실을 기억해 두세요.

'나는 그것을 할 수 있는 사람일까'라는
의심의 정지 버튼을 떼어 내자!

'묵묵히' '꾸준히' 하면 안 될 일도 잘 풀린다

다이어트에 실패하는 사람을 보면, 짧은 기간에 그것도 한 번에 5킬로그램, 10킬로그램씩 빠지도록 욕심을 부리는 경향이 있습니다.

갑자기 모든 음식을 끊는 단식을 하거나 과격한 운동을 하죠. 하지만 무리한 다이어트는 몸을 혹사시키고 결국 요요현상이 일어나 도로 아미타불이 되고 맙니다. 무엇보다도 정신 건강에 좋지 않아요.

그럼 다이어트에 성공한 사람은 어떨까요. 다이어트에 성공한 사람을 보면, 실천할 수 있는 간단한 목표를 세우고 그에 따라 매일 조금씩 조금씩 계속한다는 공통점이 있습니다.

예를 들어 가능한 한 간식은 먹지 않고 복근 운동은 매일 10회씩. 더불어 기름진 음식도 조금씩 줄이고 매일 20분씩 걷는 것.

이처럼 간단하게 할 수 있는 일을 매일 실천하다 보면 체중도 줄 수밖에 없을 것입니다. 그리고 꾸준히 반복하다 보면 어느 순간 자신이 생각하는 이상적인 몸무게를 달성하게 되는 것이죠.

이른바 '가능한 것부터 실천하는 법칙'은 비단 다이어트뿐만 아니라 다른 일에도 통하는 법칙입니다.

매상을 올리고 싶다면 갑작스럽게 10벌, 20벌을 팔자고 서두르지 말고 우선 하루에 한 벌이라도 좋으니 지금보다 더 많은 손님이 물건을 구입할 수 있도록 해 보자라고 하는 것이죠.

하루에 한 벌 더 판매했다면 다음에는 두 벌, 다음에는 세 벌. 이런 식으로 초조해하거나 당황하지 않고 한 단계씩 계단을 오르듯 매상을 늘려 가 보는 겁니다.

일도 마찬가지입니다. 무리한다면 다이어트의 요요 현상처럼 '탈진 증후군'이나 '우울' 등의 병이 찾아와 뭔가를 할 수

조차 없게 될지도 모릅니다.

그러니 작은 목표를 묵묵히 계속해 나가면 사소하지만 뭔가를 달성했다는 만족감이 마음에 쌓여 다음 목표에 도전하는 마음이 자연스럽게 생겨날 것입니다.

큰 꿈도 작은 꿈이 쌓여 이루어지는 것입니다.

행운을 손에 넣고 싶다면 이 타이밍에 움직여라

뭐랄까, 마음이 별로 내키지 않을 때는 자주 있는 일입니다. 내내 기대하던 친구들과의 술자리에 갑작스레 사이가 어색한 사람이 온다는 소식은 당황스러울 수밖에 없을 것 같네요. 결국 그토록 기다렸음에도 마음이 내키지 않아 갈지 말지 망설이게 되죠. 추위를 많이 타는 사람이 한겨울 알래스카로 출장을 가야 한다면 기운이 빠질지도 모르겠습니다.

보통 이런 상황에 부닥친다면 바로 행동하게 됩니다. 약속을 취소하거나 다른 사람이 대신 갈 수 있는 방법은 없을지를 고민하게 되는 것이죠. 하지만 오히려 뛰어들어 보는 것은 어떨까요. 피할 수 있는 방법에 대한 고민을 멈추고 마음이 내키지 않는 일을 우선 해 보는 것입니다.

살다 보면 이처럼 '하고 싶지 않은 일'을 해서 돌아오는 것이 많습니다. 껄끄러운 사람이 오는 모임에서 몇 년간 만나지 못해 그리워만 했던 친구를 만나는 일이 생길지도 모르니까요. 또 다른 친구로부터 좋은 일을 소개받을지도 모르고, 멋진 만남이 기다리고 있을 가능성이 없다고도 할 수 없죠.

오직 한 사람을 만나고 싶지 않다는 이유로 모임을 거절해 버린다면 그것은 멋진 가능성이나 모두를 버리는 것과 같습니다. 무언가를 위한 움직임 이후에는 반드시 얻을 수 있는 것이 찾아옵니다. '왠지 기분이 내키지 않아'라고 생각될 때가 바로 '기회의 시간'입니다.

가기 싫었던 출장지에서 일생의 파트너를 만나거나 원치 않은 술자리에서 알게 된 사람과 일을 하게 되거나 하는 등. 그저 "성가시다" "귀찮아"라고 생각했던 순간에 바로 행동으로 옮겨 보는 겁니다. 그럼 가속도가 붙은 자동차처럼 운이 따라올 확률도 높아질지 모릅니다.

이 세상 97%의 사람은 행동하지 않습니다.
당신은 어떤가요?

자신의 세계를 넓히는 기막힌 요령

미국의 한 경영 컨설턴트가 톱 세일즈맨 1,000명을 대상으로 한 조사에 따르면 7할 이상의 세일즈맨이 "자신은 세일즈에 맞지 않다" "낯선 사람 앞에서 말을 잘 못한다"라고 생각하고 있다고 합니다.

'먹어 보지도 않고 싫어한다'라는 말이 생각나는 결과가 아닐까 싶은데요. 생선을 날로 먹는 습관이 없는 서양 사람들은 처음에는 회나 초밥 등 생선을 날로 먹는 것을 기이하게 봤다고 합니다. 하지만 지금은 건강에 대한 관심이 높아지면서 일식이 붐이라 해외에서도 초밥을 먹을 수 있게 됐죠.

먹어 보지 않으면 맛을 알 수 없는 것처럼 인생 역시 해 보지 않으면 어떻게 될지 모르는 것입니다. 실제 시작해 보고 할 수 있을지 없을지 또는 맞을지 안 맞을지가 판단 가능한 것이죠. 그러니 일뿐만 아니라 취미, 어학, 스포츠 등 뭔가 새로운 것을 시작하고자 할 때 "나는 잘 못하니까"라며 망설이지 마세요.

사람을 사귀는 것도 마찬가지입니다. '왠지 무서울 것 같은 사람은 힘들어' '저 사람은 멋있으니까 날 상대하지 않겠지' … 등. 마음속에서는 그렇게 생각하더라도 우선 '말을 걸어 보고' '식사를 권해 보고' 하면서 행동으로 옮겨 봅니다.

"해 보지 않으면 알 수 없다"라는 가벼운 기분으로 도전해 보는 것입니다. 생각했던 것보다 쉽게 일이 풀린다든지, 지금까지 알지 못한 자신의 재능을 발견하게 된다든지 열정적으로 집중할 수 있는 것을 발견하여 그동안 알지 못한 새로운 세상이 열리는 기쁨을 맞이할 것입니다.

"먹어 보니 맛있다!"는 곧 버릇이 될 것입니다.

싫어하는 것에는 반드시 '보물'이 숨어 있다

어렸을 적을 생각해 볼까요. 한겨울 아침 눈을 떴는데 밖에 눈이 오면 "이불 속에서 나가기 싫어"라며 학교 갈 생각에 넌더리를 치지만, 막상 집을 나와 방과 후 눈이 쌓인 교정을 달리거나, 친구와 눈싸움을 하고 눈사람을 만들며 추위조차 잊고 즐거웠던 기억이 있을 것입니다.

괴로움과 즐거움은 하나일지도 모릅니다. 괴롭고 힘들기만 할 것 같은 일에 즐거움이 함께 존재한다는 이야기입니다. 그러니 힘들고 고통스럽다 느껴진다면 도망가지 말고 그 속에서 즐거움을 찾아보는 건 어떨까요.

예를 들어 피곤함이 쌓인 금요일 아침 일찍부터 밖으로 도는 일이 맡겨져, 의욕이 없을 때는 '외근에도 분명 즐거움이 있을 거야'라고 믿고 그 즐거움을 찾아보는 것이죠. 외근을 하다 맛있을 것 같은 레스토랑을 발견할 수도 있습니다. 만약 날씨가 좋다면 점심은 공원에서 먹으며 피크닉 온 기분을 내 보는 겁니다. 외근은 뜻밖으로 기분 전환에 안성맞춤인 데다가 상사의 잔소리나 동료의 푸념을 듣지 않아 좋을지도 모릅니다.

이처럼 우울한 상황에서도 즐거움을 찾을 수 있다면 마음 역시 자연스럽게 안정될 것입니다. 안 좋은 것만 보였던 기분이 거짓말처럼 산뜻해져서 어쩌면 자신이 행운아라고 생각될 수도 있을 거예요.

모든 일은 고생과 낙이 한 세트입니다. 싫어하고 괴로운 일의 뒷면에는 '즐거운 일'이 환한 빛을 받고 있습니다. 이 사실을 잊지 말고 힘든 상황에서도 즐거움을 찾아보려는 습관으로 긍정적인 앞길을 열어 가기를 희망합니다.

뒷면을 볼 줄 아는 눈을 갖고 있다면
어떤 괴로움이나 무서움은 없어질 것입니다.

일에 혹사당하는 당신에게 보내는 긍정의 힘

"회의에 제출할 자료를 준비하지 않으면 안 돼."

"기획서를 정리하지 않으면 안 돼."

이처럼 무슨 일을 하든 '하지 않으면 안 돼'라는 의무감이 크면 자료 준비도 기획서 정리도 부담감으로 다가올 것입니다. 이럴 때 당신은 '일에 휘둘리고 있다'고 말할 수 있지 않을까요. 이상적인 모습은 '당신이 일을 통제하고 있는 상태'일 것입니다. 조절이 가능할 때 마음은 평온해지고 일도 순조롭게 진행될 테니까요.

그럼 일에 휘둘리고 있는 상황에서 탈출하는 방법은 뭘까요. 우선 이 말을 입 밖으로 내뱉어 보세요.

"좋아, 회의에 제출하는 자료를 준비하자!"

"좋아, 기획서를 모아 보자!"

예를 들어 마음속에서 '하고 싶지 않아' '상사가 지시한 것이니 어쩔 수 없이 한다'라는 생각이 튀어나오면 그런 기분은 하품할 때 같이 내보내 버리고 "좋아, 해보자!"라고 말해 보는 겁니다. 이렇게 말하는 것만으로도 머릿속에서 짓누르고 있던 의무감이 달아날 거예요. 초조함도 사라져 놀랄 정도로 기분이 편안해짐을 느낄 것입니다.

여기에 누가 시켜서 하는 것이 아니라 내 일이라는 생각으로 바뀌게 됩니다. 이것으로 전세 역전. 자기도 모르는 사이에 어떤 일이든 스스로 통제할 수 있게 될 것입니다.

'시켜서 하는' 쪽보다 '좋아서 하는' 쪽이
100배 더 즐겁습니다.

냉정하고 거침없이 나누는 마법의 주문

"회의에 제출할 자료를 준비하도록"이라고 상사로부터 명령을 받았습니다. 어쩔 수 없이 하는 것을 심리학에서는 '외발적 동기'라고 부릅니다. 이와는 달리 "이 자료를 완성하면 기량이 늘어날 거야" "간부들에게 실력을 보여 줄 수 있는 좋은 기회야"라고 생각하며 일을 끌어가는 것을 '내발적 동기'라고 합니다.

당연히 전자는 '시켜서 하는' 느낌이 많으므로 동기부여가 하강선을 그릴 수밖에 없습니다. 이에 반해 후자는 '자신을 위해'라는 기분으로 하니 동기부여도 당연히 높아지죠. 여기에 포인트가 있습니다.

만약 하고 싶지 않은 것을 강요당하거나 부탁받아 거절할 수 없을 때 "이 일은 나를 위해서야"라고 생각한다면 명쾌한 결론을 내릴 수 있을 것입니다. 이는 '내발적 동기'를 높여 주는 '마법의 주문'이기도 합니다.

예를 들어 사람들 앞에서 말을 잘 못하는 성격인데 친한 친구가 결혼식 축하 인사말을 부탁합니다. 이때 '이건 좋은 기회일지도 몰라. 여러 번 연습하면 인사말도 자연스럽게 할 수 있을 거야'라고 생각해 보는 것이죠. 상품 개발부서를 희망했는데 고객 불만 처리부서로 배치를 받았습니다. 이럴 때 "그래, 고객의 생생한 목소리를 들으면 상품을 개선하고 개발하는 데 좋은 힌트를 얻을지도 몰라"라고 생각하는 것입니다.

어떤 일도 '자신을 위해서'입니다. 생각을 그렇게 바꿔 보는 것으로 당신은 득을 보는 듯한 기분이 됩니다. 더불어 무언가를 하고 싶은 의욕도 무럭무럭 자라나는 것을 실감할 수 있습니다.

아무리 싫은 일도
'자신을 위해'라고 생각해 보세요.

"나중에 하자"라고 한다면 손해 볼 수밖에 없다

'어떤 일을 미루는 것은 당장 할 때보다 정리하는데 두 배의 시간과 에너지가 필요하다'라는 법칙이 있습니다. 가장 좋은 예가 충치일 것입니다. '이가 좀 아픈데…'라고 느낄 때 바로 치과에 가면 간단한 치료로 끝날 수 있죠. 당연히 적은 비용으로 치료를 할 수 있습니다.

그러나 두려움이나 귀찮음에 치료를 미룬다면 충치는 악화돼 아픔도 커질 수밖에 없습니다. 더 이상 참을 수 없을 때가 되어서야 의사에게 달려가 보지만, 결국 엄청난 치료비와 오랜 시간 아픔을 감당해야 할 것입니다.

일도 비슷합니다. 예를 들어 견적서를 만들어 청구서를 보

내는 일이 대표적입니다. 어차피 꼭 해야 하는 일이라면 귀
찮아도 미루지 말고 바로 정리하는 편이 낫습니다. 해야 한
다는 것을 알지만 그럼에도 귀찮은 마음이 더 크다면, 그 결
과 곤혹스러워질 자신을 상상해 보세요.

청구서를 기다리고 있는 거래처로부터 하나둘 전화가 오
고 당신은 "정말 죄송합니다"라며 사과를 해야 합니다. 감봉
을 당하고 상사로부터 혼나고 동료들 역시 좋은 시선으로 당
신을 볼 수 없을 것입니다.

'그렇게 되면 곤란해'라는 생각이 든다면 '빨리하는 것에는
이길 것이 없다'라는 말이 이해가 될 것입니다. 누구보다도
자신을 위해서 말입니다. 마음속으로 이해가 됐다면 행동으
로 옮기는 것은 어렵지 않습니다. 더 쉬워지죠. 앞서 일을 끝
내면 주변으로부터 신용을 얻고 골칫거리도 없어져 편안히
일을 하는 나날이 될 것입니다. 그냥 좀 미룬 것뿐이라 생각
할지 모르나 간단한 일이 5배, 10배로 늘어나 잘 풀릴 일도 잘
풀리지 않는 경우가 많습니다.

지금 할 수 있는 것은 지금 하는 것이
성공한 사람들의 공통점입니다.

마지막에 웃는 사람이 평소에 하는 일

술을 잘 못하는 사람이 선물로 술을 받게 된다면 '마실 일이 없는데 아깝다'라고 생각할지도 모르겠습니다. 그런데 어느 날 갑자기 집으로 놀러 온 술꾼 친구에게 선물받은 술을 내놓으면 매우 반가워할 것입니다. 또 와인이나 청주는 요리의 맛을 더해 줄 때 사용할 수 있고 소주는 그릇이나 조리 용품을 소독하는 데 아주 좋죠. 이처럼 자신에게 있어서 별 필요 없을 듯한 것이 의외의 곳에서 도움이 될 수 있습니다.

이러한 법칙은 일에도 적용됩니다.

'디자인 일을 하고 싶어서 입사했는데 경리 일을 맡게 되다니.'

'실력도 충분한데 왜 차를 끓여야 하지?'

이런 생각을 갖는 마음은 이해할 수 있습니다. 하지만 시점을 좀 바꿔 생각해 보면 어떨까요.

전자의 경우, 앞으로 프리랜서 디자인으로서 활약할지도 모릅니다. 그때 거래 장부 정리도 스스로 해야 하는 상황이 될 수도 있고 사람을 고용해야 하는 입장이 될 수도 있습니다. 그때 지금 맡은 경리의 경험은 분명 도움이 될 것입니다.

차를 끓이는 것도 마찬가지입니다. 내용물의 양, 물의 온도 등에 따라 차 맛은 달라집니다. 맛있는 차를 끓일 수 있느냐는 경험이 많이 좌우합니다. 만약 집으로 찾아온 손님에게 맛없는 차를 내놓는다면 창피하지 않을까요.

당신이 경험하고 있는 지금의 일은 하나도 쓸데없지 않습니다. 이러한 생각으로 평소부터 지금 당장 눈앞에 주어진 일에 최선을 다한다면 그 경험은 언젠가 분명 의외의 모습으로 당신을 도와줄 것입니다.

'필요 없는 것은 하나도 없다'라 생각하고
최선을 다하는 사람은 매력적입니다.

2장

속상해하며 끙끙대는 버릇은 그만

누구라도 행복을 불러들이는 시스템

일반적으로 '4'라는 숫자는 '죽음'과 이어져 있다고 생각해 멀리하는 경향이 있습니다. 그러나 아주 조금 시선을 바꿔 '44'처럼 4를 두 개 나란히 하면 일본에서는 4의 조합이라고 하여 '시아와세'라고 읽기도 하는데 이는 '행복'이라는 발음과 같습니다.

이와 같이 '13'이라는 숫자도 서양의 일부에서는 불길하다 여겨져 공포 영화의 타이틀 등에 사용합니다. 하지만 힌두교에서 13일은 신의 힘이 모이는 길일로 여겨지죠.

이러한 사례는 숫자 외에도 많습니다. 보름밤이 되면 남자가 흉악한 늑대로 변신한다는 이야기.

이런 늑대 인간 전설이 있는 유럽에서 보름달은 불길한 기운의 상징입니다.

그러나 이와 달리 우리는 보름이면 '달구경'을 하며 소원을 빌기도 합니다.

즉, 사물은 어떻게 생각하느냐에 따라 긍정적인 해결법을 찾을 수도 있습니다.

인생도 이와 똑같다고 할 수 있죠. '매출이 떨어져 회사의 앞날이 불안하다'고 하면서도 혀만 차며 행동하지 않는다면 미래는 변하지 않고 결국 인생의 즐거움도 줄어들 것입니다.

하지만 "지금이야말로 다른 회사에 없는 상품을 개발해 회사를 변화시킬 수 있는 기회야"라고 생각한다면 이를 위해 적극적으로 행동하게 되겠죠. 물론 미래는 당연히 밝아질 수밖에 없을 것입니다.

그렇습니다. 지금 안고 있는 문제를 '장애'라고 생각할지 '기회'라고 생각할지에 따라 미래는 밝게도, 어둡게도, 즐겁게도, 힘들게도 될 수 있습니다. 왜냐하면 미래는 '지금'의 연장선 위에 있기 때문입니다.

그러니 말의 힘으로 눈앞에 놓인 문제를 '좋은 씨앗'으로 바꾼다면 앞으로 걸어야 할 길에는 '밝고 환한 꽃'이 만발하지 않을까요.

고난이 찾아왔을 때 "이것은 기회야!"라고 말하면
운명은 장밋빛으로 물듭니다.

행복한 사람들은 비장의 한마디가 있다

폭 60센티미터, 길이 5미터 정도의 튼튼한 판자가 있다고 상상해 봅시다. 만약 이 판자가 평평한 지면에 놓여 있고, 그 위를 끝에서 끝으로 걸으라고 한다면 누구나 간단히 건널 수 있을 것입니다.

그런데 만약 판자가 하늘 높이 솟아 있는 두 개의 고층 빌딩 사이에 놓여 있다면 어떨 것 같나요? 아래를 내려다보면 지상을 달리는 자동차가 장난감처럼 작게 보이는 그런 곳 말입니다.

그런 상황에서 대부분의 사람은 겁이 나 판자에 발을 걸치는 것조차 힘들어할지도 모르겠습니다. 전과 다름없는 판자임에도 말이죠. 이처럼 건널 수도 있고 못 건널 수도 있는 이유는 바로 우리에게 '상상력'이 있기 때문입니다. 전자는 '어렵지 않게 건널 수 있어'라고 상상했지만 후자는 '떨어지면 어떡하지?'라는 상상으로 발이 움츠러들 수밖에 없었던 것이죠.

그럼 이 가공의 판자를, 미래로 이어 주는 '인생행로'와 비교하며 생각해 보죠. 예를 들어 '미래는 희망에 가득 차 있어' '앞으로 좋은 일만 가득 기다리고 있을 거야'라고 생각하면 누구라도 그 판자를 건널 수 있지 않을까요.

반면에 '힘든 날을 만나면 어떻게 하지?' '일이 잘되지 않을지도 몰라' '사랑하는 사람과 헤어질지도 몰라' 등 부정적인 상상으로 머리를 채운다면 미래는 갈피를 못 잡고 불안과 망설임으로 가득 차 한 발자국 내딛기조차 힘들어질 것입니다.

좋은 것을 상상할지 나쁜 것을 상상할지만으로, 마음의 상태나 행동은 180도 달라져 버립니다. 말을 바꿀 수 있다면, 상상한 대로 앞길의 운명을 호전시킬 수 있는 가능성도 높아진다는 이야기입니다.

아무리 힘들고 불안할 때에도 "미래는 희망으로 가득 차 있어" "앞으로 즐거운 일이 가득 기다리고 있을 거야"라며 마음을 다스리는 말을 자신에게 건네 보길 바랍니다. 앞으로 한 발, 한 발 내딛는 것만으로도 시작할 수 있습니다. 행복한 상상은 언젠가는 현실이 되고 그리하여 당신의 매일은 반짝반짝 빛날 수 있을 것입니다.

"잘하고 있어!"라는 한마디로
미래에 '안심의 다리'가 만들어집니다.

닭에게 배우는 지치지 않는 방법

한 동물심리학자가 독특한 실험을 했습니다. 개와 닭에게 먹이를 주고는 먹으려고 하는 순간 막대로 머리를 때렸습니다. 그러자 개는 두세 차례 당하더니 먹이 근처에는 얼씬도 하지 않았습니다. 이와 달리 닭은 포기하지 않고 몇 번이나 먹이를 먹으려고 도전을 하더랍니다.

이 이야기를 들은 당신은 어쩌면 개는 학습력이 뛰어나고 현명한 동물이라고 생각할지도 모르겠습니다. 그런데 이 동물심리학자의 생각은 달랐습니다. '닭은 먹이를 먹는 데는 다소 어려움이 따른다고 생각하고 있구나'라는 것을 알게 된 것이죠.

그렇습니다. 매일 똑같은 일을 반복하다 보면 우리의 생활 역시 곤란이 따릅니다.

일을 잘못해 핀잔을 듣거나, 사소한 일로 애인과 싸우거나, 외출했다 껄끄러운 사람과 마주치거나 하는 일이 생길 수도 있습니다.

하지만 그런 일을 일일이 걱정한다면 기운이 빠지지 않을까요. 그러니 잊어버리도록 해 보세요.

무난한 인생을 보내는 사람은 이 세상에 단 한 사람도 없습니다. 당신의 주변 사람들도 분명 크고 작은 문제에 불안을 안고 살고 있을 거예요.

그러니 뭔가 곤란하거나 불쾌한 일이 일어났을 때는 '인생에는 다소의 역경이 따르는구나' 하고 마음을 다스려 보는 겁니다. 때로는 공격을 받아도 오히려 끝까지 먹이를 먹으려 덤비는 닭처럼, 대담하고 혹은 앞뒤 가릴 것 없이 덤벼 보는 것도 좋을 것 같습니다.

그럼 많은 일이 있더라도 끊임없이 무언가를 하게 되니 기회를 손에 넣을 확률도 높아지지 않을까요.

복권도 마찬가지입니다. 복권을 사지도 않고 당첨을 기대하기는 어렵겠죠.

중요한 것은 불안을 평계로 멈추는 일입니다. 도전을 계속한다면 마인드 컨트롤 능력도 저절로 향상됩니다. 그리고 운명을 컨트롤할 수 있다는 것은 자신감을 손에 넣었다는 증거가 될 것입니다.

'문제가 있는 것은 당연하다'는 생각이 들면

마음도 편해집니다.

운을 불러들이는 사람은 어떤 사람?

남아시아에 이런 옛날이야기가 있습니다. 한 마을에 유유자적 살아가는 한 남자가 있었습니다. 어느 날 신은 너무나 천하태평한 그 남자를 시험하려고 태풍을 불러 남자의 집을 부숴 버렸습니다.

그러자 그 남자는 "슬퍼하기만 하면 다시 시작할 수 없어. 우선, 친척 집으로 가자. 앞으로 일어날 일은 그때 생각하자"라며 역경을 딛고 친척 집에서 새 삶을 살기 시작했습니다.

친척 집에서도 예전처럼 느긋하게 생활하는 남자를 보며 신은 이번에는 회오리에 남자를 태워 아는 이도 먹을 것도 마땅찮은 가난한 마을로 내쫓아 버렸습니다.

　이번에도 남자는 "지금까지 유혹을 이기지 못해 단식을 할 수 없었는데 이번 기회에 단식이나 해 볼까. 앞으로 일어날 일은 그때 생각하자" 하며 또다시 어려움을 딛고 일어서는 게 아니겠습니까.

　드디어 신은 아무 일 없었다는 듯 태평한 남자를 아무것도 없는 무인도로 보내 버렸습니다.

　그런데 남자는 "여기서는 온종일 낚시를 해도 누구 하나 잔소리하는 사람이 없겠군. 앞으로 일어날 일은 그때 생각하자" 하며 낚시 삼매경에 빠지는 것이었습니다.

　결국 어떠한 시련이라도 극복하는 모습에 놀란 신은 남자를 칭찬하며 많은 금은보석을 상으로 주었다고 합니다.

　이 이야기는 우리에게 긍정적이고 건설적인 생각의 중요성을 가르쳐 줍니다. '생각해도 소용없는 일은 생각하지 말자'라는 것이죠. 예를 들어 '회사에서 잘리면 어떻게 하지?' '미움을 사면 어떻게 해야 하지?' 등 당장 생각할 필요 없는 일은 문제가 생겼을 때 생각하면 된다는 가르침입니다. 앞으로의 일은 정말 어떻게 될지 모르는 것이니까요.

　　　　　　쓸데없는 걱정은 뭔가 일어났을 때 하면 OK.

왜 슬픈 예감은 틀린 적이 없나?

한 여성이 유명한 점술가에게 자신의 결혼 운을 봤는데 "당신은 연이 없어 평생 독신으로 살 팔자네요"라는 이야기를 들었습니다.

충격을 받은 그녀는 "외로울지도 모르지만 지금부터 연애는 2순위로 두고 일을 1순위로 하자"고 마음을 먹고 결혼을 포기해 버렸습니다.

그런데 사실 그녀에게 호감을 느끼고 있던 남성은 많았습니다. 하지만 점술가의 말만 믿은 그녀는 그것을 눈치챌 수가 없었죠. 자신은 연애나 결혼과는 거리가 멀다고 생각하고 눈을 돌려 버렸으니까요.

그녀의 이야기를 들은 당신은 '예언만 믿고 행복이 가까이 있음에도 도망가 버리다니, 안타깝군' 하고 생각할지도 모르겠습니다. 그렇지만 당신 역시 이런 상황에서 그녀처럼 행동할 수 있습니다.

예를 들어 친구가 "저 레스토랑은 맛없어"라고 한다면 갈지 말지 고민하게 되지 않나요? 혹은 경기가 안 좋고 회사가 불안정하거나 TV나 신문에서 그런 뉴스를 접하면 바로 영향을 받아 괜히 불안한 미래를 걱정하죠.

그럴 때 당신의 마음은 마이너스로 향합니다. 그 상태가 계속되면 '두려움은 현실이 된다'는 마음의 법칙에 의해 실제로 당신에게 나쁜 현실이 일어나 버리는 일도 흔치 않습니다.

그럼 어떻게 하면 좋을까요.

우선, 나쁜 일이 머리에 떠오를 때는 '버튼 체인지'라고 반복해 외쳐 봅니다. 그리고 자신에게 있어 마이너스일 뿐인 정보는 가능한 한 귀를 닫아 버립니다.

그렇게 하는 것만으로도 외부로부터 받는 영향에서 잘 빠져나올 수 있고 언제라도 온화하고 긍정적인 마음 상태로 있을 수 있을 것입니다.

　그럼에도 불안함이 사라지지 않을 때는 "나와는 상관없어" "나는 괜찮아"라고 주문을 걸듯 반복해 보세요. 그 한마디, 한 마디가 무엇보다 어지러웠던 마음을 깨끗이 정리해 줄 것입니다.

　　　　　　　　　　　당신 자신이 당신 미래의 예언자입니다.

　　　　　　　'두려움이 현실이 되는 법칙'을 깨 버리도록 하세요.

돋보이는 사람에게 기를 받는 티타임

일의 불만, 애인의 푸념, 미래의 불안. 그런 주제만 꺼내는 사람을 만나면 이야기를 듣는 쪽 마음마저 어두워지고 불안이 자라 버립니다.

이럴 때에는 '플러스 파워'가 넘치는 사람을 만나 보세요.

항상 밝은 사람, 꿈이 있는 사람, 희망을 꿈꾸는 사람, 반짝반짝 빛나는 사람과 함께 아늑한 카페에서 오랜 시간을 가져 봅니다. 그저 함께 있는 것만으로도 그 사람이 갖고 있는 플러스 에너지가 당신의 마음에 쌓여 있던 마이너스 에너지를 쫓아내 버릴 테니까요.

분명 언제나 밝게 지내는 비결을 물어보면 긍정적인 답이 되돌아올 것입니다. 이렇듯 긍정적인 말은 플러스 힘을 가득 품고 있습니다. 그러니 플러스가 될 힘을 주저하지 말고 받아 보세요. 마이너스 파동은 어느 순간 깨끗하게 사라져 버립니다. "다음에 또 만나요"라며 헤어지는 인사를 할 때쯤에는 긍정적인 생각으로 채워졌음이 느껴질 것입니다.

또 읽으면 힘을 얻는 책, 기분이 좋아지는 책, 마음이 깨끗해지는 책을 발견해 보기도 권합니다. 긍정적으로 변하는 멋진 말을 책 속에서 발견했다면 그 구절에 밑줄을 쳐 몇 번이라도 반복해 읽어 봅니다. 효과가 없을지도 모르지만 플러스 파워를 흡수하는 데 분명 도움이 될 것입니다.

마음에 쌓인 마이너스 파동은 플러스 파동으로 쫓아낼 수 있습니다. 이 습관을 기른다면 마음이 어두운 사람을 만나더라도 불안이나 불만이라는 파도에 영향을 받지 않고 평온한 마음으로 지낼 수 있게 됩니다.

긍정적인 말은 몸과 마음을 건강하게 합니다.

그것은 곧 행운이 온다는 신호

끊임없이 내리는 것 같아도 비는 언젠가는 그칩니다. 인생도 마찬가지입니다. 슬픔으로 힘들었던 날이 지나면 기쁨으로 넘치는 날도 반드시 찾아오기 마련이죠. 많은 어려움에 암흑 같아 보이는 앞날도 희망의 빛이 비칠 때가 반드시 찾아옵니다. 어두운 터널이 너무 길어 끝이 없을 듯 불안해지더라도 그 끝은 반드시 있고, 이어 높고 푸른 하늘이 나타나는 것처럼요.

오랫동안 무엇을 해도 잘 안돼 좌절하고 있다면 '너무 행복하다'고 느낄 날이 바로 코앞에 있을 것입니다. 비가 그친 하늘에 뜬 무지개를 보며 황홀해하듯 더 이상 희망이 없다 느낀 순간 찾아온 행복은 각별할 수밖에 없습니다.

그러니 너무 오랜 시간 비만 내리고 있다면 "이 비는 반드시 그칠 거야"라고 혼잣말을 해 보세요. 비결은 바로 이것입니다. 삶을 포기하지 않겠다는 의지를 갖고 입 밖으로 내뱉는 순간, 당신이 그토록 기다리던 환한 미래가 성큼 다가올 것입니다.

'나쁜 일'은 절대 계속되지 않아요!

안심하고 때를 기다려 보세요.

자신이 싫어지는 순간에 생각할 것들

한번은 석가모니가 제자들에게 질문 하나를 던졌습니다.

"열매, 농기구, 낙엽 중에서 가장 쓸모없는 건 무엇인 것 같은가?"

열매는 사람과 동물에게 소중한 음식 재료입니다. 농기구가 없이는 채소나 쌀농사를 짓는 데 곤란할 것입니다. 떨어진 나뭇잎은 볼썽사나운 데다가 어떤 도움도 되지 않는 것 같습니다. 이렇게 생각한 제자들은 "낙엽입니다"라고 대답을 했지요.

대답을 들은 석가는 제자들과 다른 생각을 전했습니다.

"이 세상에 쓸모없는 것은 하나도 없다. 떨어진 나뭇잎은

썩어 거름이 될 것이다. 땅에 영양이 없다면 열매도 채소도 클 수 없는 법이지. 낙엽도 그 나름의 훌륭한 역할을 하고 있는 것이야."

세상에 쓸모없는 것은 하나도 없다는 석가모니의 말대로라면 '이 세상에 쓸모없는 사람은 한 명도 존재하지 않는다'라고 이해할 수 있습니다.

예를 들어 우리가 허드렛일이라 생각하는, 회의 자료를 복사해 주는 사람이 없다면 원활한 회의가 가능할까요? 분명 그 일을 하는 사람이 필요한 것입니다. 설거지도 마찬가지입니다. 음식물로 더러워진 접시를 윤이 나게 닦아 주는 사람 때문에 멋진 요리가 다시 손님들에게 나올 수 있는 것입니다. 어떤 작은 일도 쓸모없는 것은 없습니다.

당신 역시 누군가는 필요로 할 것입니다. 그 사람은 가족일 수도 있고 어쩌면 한 번도 만난 적 없는 누군가일지도 모릅니다.

그러니 다른 사람과 자신이 비교당하는 일이 있어도 "나는 누군가에게 필요한 사람이야"라는 한마디를 해 봅니다. 또 어떻게 해도 **빠져나올 수 없는** 일을 만났을 때는 "내가 안 하면 다른 누군가가 할 수밖에 없어"라고 자신에게 말을 걸어 보세요.

'나'라는 존재를 소중히 여길 줄 아는 사람은 지금의 나, 눈앞의 일, 아직 만난 적 없는 미래의 자신에게 큰 희망을 품도록 해 줄 것입니다.

폐만 끼치는 사람이라 하더라도

누군가에게는 필요한 존재입니다.

자신이 싫어지는 순간이 있다면

'이 세상에 필요한 것은 뭘까?' 하고 생각해 봅니다.

무엇을 하든 성공이 따르는 일의 법칙

한 레스토랑에 3명의 인턴이 일하고 있었습니다. 매일 세프에게 혼나면서도 묵묵히 일한 세 사람에게 '왜 이 일을 선택했는지'에 관해 물어보니 다음과 같은 대답이 되돌아왔습니다.

인턴 A : 생계를 위해 할 수 없이 이곳에서 일하고 있습니다.

인턴 B : 달리 하고 싶은 일도 없었기 때문에 그냥 아무 생각 없이 선택한 거나 다름없습니다.

인턴 C : 레스토랑에 오는 손님이 요리를 먹으며 행복한 표정을 짓는 것을 보고 있으면 절로 기분이 좋아져 이 일을 택

하게 됐습니다.

이 세 명 가운데 마지막에 답을 한 20대 후반의 인턴 C는 이후 자신의 가게를 열었다고 합니다.

물론 생계를 위해, 돈을 모으기 위해 일을 하는 것은 당연하고 중요합니다. 하지만 일을 할 때 '그냥 일일 뿐이야'라는 생각을 갖고 있다면 의욕이나 보람을 발견하기 어렵지 않을까요.

세 번째 인턴 C처럼 "일을 통해 누군가를 도울 수 있으면 좋겠다" "세상에 공헌할 수 있는 일을 하고 싶다"라는 생각으로 일을 한다면 자연스럽게 사명감도 커질 것입니다. 그렇게 사명감을 갖고 일한다면 손님들로부터 "고맙습니다"라는 감사의 인사말을 자주 듣게 될 거예요.

말은 그렇게 돌고 돌아, 어느새 좀 더 큰 세상을 위해 할 수 있는 일이 무엇인지를 고민하는 자신을 만나게 될 것입니다. 또 희한하게 당신을 '성공'으로 이끌기도 합니다.

일이 힘들고 괴로운 것으로밖에 느껴지지 않을 때에는 "이 일로 누군가에게 도움을 줄 수 있을까?" "세상을 위해 뭔가 할 수 없을까?"라고 자신에게 질문을 던져 보세요.

　그 답을 찾는 사이에 당신에게 일은 즐거움 자체로 다가올 것입니다.

"어떻게 하면 좀 더 즐거워질까?"

일이 지겨워졌다면 자신에게 이렇게 물어보자.

한 번뿐인 인생 이렇게 살면 최고로 즐겁다

오랜 옛날 묘정이라는 총명한 승려가 있었습니다. 어느 날 승려가 머무는 곳으로 한 젊은이가 찾아왔습니다.

"이상적인 삶을 살아가기 위해서는 무엇을 마음을 두면 좋습니까?"

그러자 묘정 스님은 그 젊은이를 한 집 앞에 데리고 갔습니다. 들여다 본 집 가운데 딱 한 집이 식사 중이었어요. 가난한 가족들은 피곤함에 찌든 표정으로 말 한마디 없이 밥을 입에 넣고 있었습니다.

오고 가는 대화도 뜸하고 집 안은 어둠과 절망적인 분위기로 가득했습니다.

묘정 스님은 젊은이를 또 다른 집 앞으로 데리고 갔습니다. 이번에도 허름한 집이었습니다. 그런데 먼저 봤던 집과는 전혀 다른 상황이었습니다. 가난으로 조촐한 밥상 차림이었으나 아이들은 와자지껄 웃고 떠들고 어른들은 이를 바라보며 연신 미소를 짓고 있었습니다. 보는 것만으로도 마음이 따뜻해지는 광경이었습니다.

이 모습을 본 묘정 스님은 젊은이에게 말했습니다.

"당신이 본 두 집 모두 가난하기는 마찬가지입니다. 그렇지만 분위기는 전혀 다르지요. 그것은 아마 삶에 대한 자세에서 오는 차이가 아닐까 싶습니다만, 뒤에 본 가족처럼 사는 것이 인생의 득이라고 생각하지 않습니까? 슬퍼하며 살든 즐거워하며 살든, 인생은 한 번뿐입니다. 오직 한 번밖에 없는 인생이라면 웃으며 사는 것이 좋겠지요. 이것이 사람으로서 누릴 수 있는 가장 이상적인 삶이 아닐까요."

두 가정을 보여주면서 묘정 스님은 그 젊은이에게 깨달음을 주었다고 합니다.

성공 철학의 아버지 나폴레옹 힐은 '생각은 현실이 된다'라고 말했습니다. 그저 울기만 한다면 앞으로 펼쳐질 길도 줄

곧 울 수밖에 없는 인생길이 될 거라는 이야기일 것입니다.
반대로 "밝고 즐겁게 살아가자" "웃으며 살자"라고 생각하면
언제나 웃을 수 있도록 노력할 테니 즐거운 일만 일어나게
되겠죠.

"웃으며 살자"라고 거울을 보며 말해 보세요.
자신의 웃는 얼굴을 잊어버리지는 않았나요?

3장

이 아이디어로 편하고 즐겁게

프로에게 물으면 간단하게 길이 열린다

동남아시아에 이런 옛 이야기가 있습니다. 한 마리 물고기가 바다 위로 올라와 한숨을 쉬며 생각했습니다.

"새는 넓고 높은 하늘을 자유롭게 날 수 있어서 좋겠다. 나도 하늘을 날고 싶어."

그래서 물고기는 친한 물고기들에게 하늘을 날 수 있는 방법을 물어봤습니다.

하지만 아무도 그 방법을 알지 못했습니다. 그러던 어느 날, 바다를 찾은 한 마리 새에게 물고기는 용기를 내 말을 걸었습니다. 물고기의 고민을 들은 새는 이런 대답을 내놓았습니다.

"너는 가슴지느러미가 발달돼 있으니 그걸 넓게 펴서 점프해 보렴. 그럼 새처럼 날 수 있을지도 몰라."

새의 조언대로 물고기는 몇 번이나 점프를 반복하면서 조금씩 날게 되었고, 이내 주변으로부터 '날치'로 불리어지게 됐습니다.

우리들은 아주 넓은 세상에 살고 있음에도 '우물 안 개구리'일지 모릅니다.

그러니까 날치처럼 가끔은 늘 만나는 친구나 지인이 아닌 다른 사람들과 만나거나 자신이 하고 싶었던 일만이 아니라 거꾸로 자신이 도망쳤던 일을 하고 있는 사람들과 교류를 해야 할 필요가 있습니다.

늘 동성 친구에게 하던 연애 상담을 물고기가 새에게 조언을 구했듯 남자의 심리에 대해 이야기해 줄 수 있는 이성 친구에게 도움을 구한다면 오히려 속 시원한 해답을 찾게 될지도 모르는 것이죠.

결혼이 고민이라면 독신 여성보다는 기혼 여성에게, 아이를 키우는 데 어려움이 있다면 연배가 있는 사람에게 상담을 해 보는 겁니다. 그럼 전혀 생각지도 못했던 해결책이 눈앞에 나타날지 모릅니다.

"이 문제에 관해 잘 아는 저 사람을 만나 보자" "가끔은 저 사람에게 상담을 해 볼까?"라며 자신의 한계를 넓히는 노력이 새로운 정보를 얻게 하고 지금까지 못했던 발상을 할 수 있게 만듭니다.

성공한 사람일수록 명쾌한 조언을 해 줄 것입니다.

물고기가 안 잡히면 어떡해?

바다에 나간 세 명의 어부가 고기가 잡히자 않아 고민하고 있었습니다. 어부들은 고민 끝에 각자 이런 결론을 내렸습니다.

"할 수 없어. 한 번 더 바다로 나가 보자."

"나는 위험을 무릅쓰고라도 가까운 바다가 아니라 먼 바다로 나가 잡아 보겠어."

"이 주변에 강이 많으니까 나는 바다가 아니라 강에서 민물고기를 잡아 보려고 해."

그 결과, 먼 바다에서의 고기잡이만을 고집하지 않았던 세 번째 어부만이 많은 민물고기를 잡아 생계를 유지할 수 있었습니다. 중국의 오랜 이 일화가 우리에게 가르쳐 주는 바는 시선을 넓게 보는 일이 중요하다는 사실일 것입니다.

무언가 문제에 직면하면 대개 많은 사람들이 눈앞에 보이는 방법만을 고집하며 전혀 다른 시점에서 사물을 생각하기를 어려워합니다. 그러나 넓은 시각을 갖고 각도를 바꿔 보면 지금 일어난 문제의 원인이 무엇이었는지 전혀 다르게 다가올 것입니다.

예를 들어 "요즘 서류 정리 일이 진척되지 않은 채 시간만 가는 것 같아 힘들어"라고 할 때, 정리법을 바꾸거나 효율적인 그림을 그리는 것도 좋겠지만, 주저하지 말고 다른 사람에게 부탁해 보든 필요 없는 서류는 버려 보든 아니면 컴퓨터를 최신형으로 바꿔 보는 등 방법을 바꾸는 것도 나쁘지 않습니다.

"다른 방법이 있지 않을까?" "분명 좀 더 효율적인 방법이 있어!" 하는 생각이 들어 비상구를 찾고 싶을 때는 전혀 다른 가능성을 찾아보세요. 숲 속에서 헤매다 겨우 빠져나왔을 때 당신은 분명 행운을 이끄는 열쇠를 손에 넣고 있을 것입니다.

당연하게 생각되는 것을
'그게 정말 맞을까?' 하고 의심해 보세요.

훌륭한 아이디어는 바로 발밑에 있었다

요즘 휴대전화에 카메라 기능이 있는 것은 당연하게 여겨지지만 카메라 기능을 가진 휴대전화가 처음 발매됐을 때는 아주 참신한 아이디어로 주목을 받았답니다. 재미있는 사실은 개발자에게 이 "카메라 기능을 겸비한 휴대전화의 아이디어를 어디서 얻었느냐"고 물었더니 그는 '아무 생각 없이 본' 텔레비전 방송 프로그램에서였다고 대답했습니다.

텔레비전에서 한 리포터가 여고생들의 가방 안에 어떤 물건이 들어 있는지를 살펴보는데, 반 이상이 휴대전화와 일회용 카메라를 따로 쓰고 있었다는 것입니다. 이것을 본 개발자는 "이 두 가지를 합하면 여고생들의 가방 무게나 부피가 줄어들 텐데"라고 생각했고 이것이 오늘날 우리가 쓰는 '카메라가 달린 휴대전화' 개발로 이어졌다고 하는군요.

이처럼 새로운 발상이나 힌트는 언제나 실제 우리가 살아가는 일상에서 무심히 발견하는 경우가 많습니다. 하지만 참신한 아이디어나 새로운 무언가를 찾아내려고 하면 할수록 대부분은 멀리 어딘가로 도망쳐 버릴지도 모릅니다. 그래서 아이디어가 떠오르지 않을 때는 오히려 가까운 곳을 살피면 많은 기회를 찾을 수 있습니다.

'기회는 가까운 곳에 있다'는 말을 믿고 무심히 보내 버리는 일상에 호기심을 갖고 찾아보는 습관을 길러 보기를 권합니다.

실제로 한 잡화상의 사례를 이야기해 드리겠습니다. 그의 가게에서는 쌀과 만두가 주 판매품인데 좀처럼 매상이 오르지 않았습니다. 고민 끝에 잡화상 주인은 '만두를 올린 밥'이라는 아이디어를 떠올렸고 이 아이디어는 그야말로 히트를 쳤다고 합니다. '만두를 올린 밥' 하나로 잡화상은 배불리 먹고 남을 정도로 매상이 늘었다고 하네요. 아이디어 하나가 작은 잡화상에 지나지 않았던 가게를 엄청나게 번창시켰던 것이죠.

　물론 '만두를 올린 밥'이 아니라 쌀의 품질을 가려 평가하는 유명한 콘테스트에 내놓거나 브랜드 제품으로 만들었다고 해도 화제가 됐을지 모르겠습니다. 하지만 출품이나 브랜드 제품을 만들기까지는 시간이나 비용이 많이 들고 생각했던 것과 달리 매상으로 이어질지도 장담할 수 없습니다. 그랬기에 이 주인은 간단하고 즉각적인 방법을 바로 실행했던 것이죠.

　가까운 곳에서 찾은 아이디어와 기회를 성공으로 이끌게 한 것입니다. 이처럼 당연한 것에 호기심을 갖는 사람이 아이디어맨이 될 가능성이 높습니다.

잘 보는 사람일수록 잘 발견합니다!
일상만큼 아이디어가 넘쳐 나는 곳은 없습니다.

북극에서 냉장고를 판다?!

옛날 유럽의 한 가전 브랜드 회사가 세 명의 세일즈맨에게 "냉장고를 세계 시장에 내놓고 싶은데 어디를 타깃으로 하면 좋을까?"라고 질문한 적이 있습니다. 세 명은 제각각 이렇게 말했습니다.

"역시 선진국이죠."

"고객 니즈가 많을 것 같은 열대 지역이 좋지 않을까요?"

"저라면 시베리아 한랭 지역에 팔러 가 볼 것 같아요."

세 번째 세일즈맨의 대답이 너무 의외여서 사장은 "왜죠?"라고 물었습니다. 그러자 그가 대답했습니다.

"시베리아에 사는 사람들은 고기를 좋아하지만 집 밖에 고기를 놓아두면 낮은 온도 때문에 금세 딱딱하게 얼어 버리죠. 반대로 집 안에 고기를 놓아두면 난방 때문에 고기가 상해 버릴 겁니다. 그런 점에서 냉장고가 있다면 음식이 얼거나 상해 고민할 필요가 없으니 딱 좋지 않을까요."

이후 세 번째 세일즈맨의 말처럼 그 회사의 냉장고는 시베리아에서 불티나게 팔렸다고 합니다. 추운 지역에 음식물을 차게 보관하는 냉장고를 판다? 이처럼 '상식을 깨는' 발견은 지금까지는 없었던 큰 성공을 불러들입니다.

그러니 여러분이 "NO"라고 부정하거나 손대기 싫은 것, 고개를 돌리게 만드는 것, 비상식적이라고 생각되어지는 것에 오히려 주목할 가치가 있다고 생각하며 두려워하지 말기를 바랍니다. "전례가 없어. 그러니까 한번 해 보는 거야"라는 생각으로 도전한다면 생각지도 못한 큰 기회가 굴러 올지도 모릅니다.

타인이 말하는 "NO" 따위,

전혀 신경 쓰지 마세요!

행운을 받기 위한 마음의 준비가 됐나요?

긍정적으로 마음 편히 매일을 보내는 사람 곁은 기회로 둘러싸여 있습니다.

그렇지만 주의해야 할 것은 기회는 기다려 주지 않고 휙 하니 지나갈지도 모른다는 사실입니다. 그러니 기회가 왔다고 생각하면 바로 손을 뻗어 잡지 않으면 안 됩니다.

예를 들어, 매력적인 사람을 만나게 됐는데 먼저 말을 걸지도 않고 신선한 어떤 행동도 하지 않으면 역시 사랑의 기회는 도망가 버립니다.

일에서 처음으로 프로젝트를 맡아 좋은 기회가 찾아왔을 때에도 취미인 다이빙에 빠져 있다면 성공을 손에 넣기는 힘

둡니다.

행복을 받기 위해서는 언제라도 기회를 잡을 수 있도록 마음의 준비를 해 둘 필요가 있습니다. "이 기회를 놓쳐서는 안 돼!"라고 생각하면 그것을 살리려고 집중할 수 있게 됩니다. 그 밖에도 마음을 어지럽히는 일에 신경 쓸 여유가 없을 것입니다. "지금은 어쨌든 이 일을 성공시킬 수 있는 것에만 집중하자"라고 강하게 마음을 먹습니다.

여행이나 취미를 즐기는 것은 다음에 해도 가능합니다. 그것을 위해 정말 좋아하는 아티스트의 콘서트에 가는 것을 포기하거나 연인과의 약속을 다음으로 미룬다고 해도 "그때는 그렇게 하는 것이 정답이었어"라고 생각할 수 있는 때가 반드시 올 것입니다.

당신이 최선을 다하는 모습에 신도 분명 미소로 대답해 줄 것입니다. 또 "오늘은 피곤하니까 내일 하자" "지금은 바쁘니까 한가할 때 하자"라고 변명하는 버릇을 고집하는 일에도 신경 써야 합니다.

바빠서 미뤄 놓은 계획으로 인해 중요한 일을 다른 누군가에게 양보해야 하는 때가 올지도 모릅니다.

아무리 "사실은 나도 그렇게 생각하고 있어" "나도 알고 있어"라고 말해도 다음으로 미루면 이미 늦습니다. 일도, 운도, 빠른 사람이 이깁니다.

기회가 왔다면
첫째, 바로 잡는다.
둘째, 기회를 살리는 일에 집중한다!
이렇게 마음의 준비를 한다면 오케이입니다.

왜 돋보이는 사람은 완벽하지 않지?

경제학에 '팔레트 법칙'이라는 것이 있습니다. 알기 쉽게 말하면 비즈니스에 있어서 매상의 8할은 모든 고객 가운데 약 2할의 고객이 차지하니, 매상을 늘리려면 전 고객을 대상으로 하는 서비스를 실시하는 것보다 8할의 매상을 발생시키는 2할의 고객을 겨냥하는 것이 효과적이라는 이론입니다.

이러한 이론은 인생에도 적용할 수 있을 있습니다. 예를 들어 좀 더 멋진 사람이 되기 위해 요리나 어학, 패션, 운동, 취미 등 모든 분야를 완벽하게 하려 든다면 말도 못하게 힘 듭니다. 끝이 없을 것입니다.

본래 잘하는 것은 하나나 둘이면 충분합니다. 지금 자신이 갖고 있는 강점을 갈고 닦는 것이 가능하다면 그것으로 족합니다. 그것이 팔레트 법칙으로 약 2할의 고객과 같습니다. 요리와 화장을 잘하는 사람은 그 부분의 기술을 계발하는 일에 노력을 기울인다면 충분히 매력적인 사람으로 보여질 것입니다. 욕심이 과하면 오히려 아무것도 얻을 수 없습니다. '두 마리 토끼를 잡으려다 두 마리 다 놓친다'는 속담 그대로입니다.

당신이 잘하는 것이 무엇인지 먼저 생각해 보세요. 개인적으로 잘하는 것, 좋아하는 것을 발견한다면 그것을 갈고 닦아 보세요. 모르는 사이에 누구에게도 지지 않을 정도로 실력이 길러져 주변 사람들에게 없어서는 안 될 사람으로 생각되어질 것입니다.

중요한 2할에 전력투구!
"무엇이든지 할 수 있어"보다
'제일 잘하는 것'에 투자하는 사람이 매력적입니다.

행운의 여신은 끈질긴 사람에게 미소 짓는다

옛날 동쪽 지방의 한 지주가 온천을 만들려고 큰돈을 들여 땅을 팠다고 합니다. 그런데 파도 파도 온천은 나오지 않는 것이었습니다. 1,000미터 정도 파 내려간 지점에서 그 지주는 온천을 포기하고 다른 사람에게 땅을 몽땅 팔아 버렸습니다.

그 땅을 산 사람은 "혹시 모르니 한 번 더 시도해 보자" 하며 1,000미터를 더 파 보았습니다. 그랬더니 거기서 온천이 뿜어져 나오기 시작했습니다. 덕분에 땅을 산 사람은 엄청난 돈을 벌 수 있었죠.

이 이야기는 운이 좋고 나쁨을 말하는 것이 아닙니다. 행복이나 성공은 '포기하지 않는 사람'이 손에 넣을 수 있다는 이야기입니다. 혹시 당신도 한 걸음만 더 내딛으면 되는데 포기하고 되돌려 버린 적은 없었나요?

우울한 일만 계속 일어날지라도 쉽게 내던지지 않는 인내가 중요합니다. 예를 들어, 연애와 인연이 없어 잠시 화장이나 패션에 신경 쓰지 않았던 사람은 다시 한 번 생각해 보길 바랍니다. 언제 만나게 될지도 모르는 만남을 준비하는 마음의 준비가 좋은 운명을 잡아 끌어들이기 때문입니다.

인간관계도 그렇습니다. 궁합이 잘 맞지 않는 상대를 피하기만 한다면 언제까지나 직장은 마음 편한 곳이 못 될 것입니다. 그 정도라면 한번 마주해 보는 것이 해결책을 발견할 가능성을 높이는 길입니다.

잘 안 풀릴 때야말로 "한 번 더 도전!"하며 자신을 응원해 보세요. "한 번 더"라고 했을 때가 바로 성공하는 때일지도 모르니까요.

한 번만 더해 본다.
그것이 인생의 필승법입니다.

4장

자연스러운 것이 제일 좋다

몇 점을 받아야 인생의 우등생이 될 수 있을까

한 프로 해설가가 이런 말을 했습니다.

"타석에 열 번 정도 섰을 때 세 번 정도 안타를 치면 됩니다. 그러면 3할 타자가 되고 그 상태를 유지한다면 미국 메이저리그에 가더라도 큰 활약을 할 수 있게 될 것입니다."

어쨌든 100% 완벽하게 할 필요는 없다는 이야기입니다. 프로 선수 역시 "3할을 할 수 있다면 잘하는 것!"이라고 생각하는 것입니다. 그러니까 당신도 "이것저것 다 잘해야지" 하지 말고 "여기까지 할 수 있는 것으로도 충분해"라고 자신을 너그럽게 봐 주는 일이 필요합니다.

아주 조금의 실패나 잘 못하는 일을 해야 하는 상황에서 필요 이상 의기소침해져 버리는 사람은 상당한 완벽주의자일지도 모릅니다. 만약 당신이 그런 사람이라면 사적인 일에서든 공적인 일에서든 "3할을 할 수 있다면 안성맞춤!"이라고 자신에게 주문을 걸어 보기를 권합니다.

매일 요리를 만드는 사람은 10일에 3일 정도 맛있는 요리를 성공한 것으로 만족하면 그것이 안성맞춤입니다. 읽은 10권의 책 중에서 2권 정도가 마음에 깊이 남는 책이었다면 10권을 읽기 위해 할애한 시간은 얼마든지 의미가 있습니다. 당신이 만든 제안서도 10번 중 3번 통과했다면 그것으로 잘했다 생각하고 앞으로도 꾸준히 도전해 보는 건 어떨까요.

바꿔서 말하면 무슨 일이든 '불충분한 것'이 당연하다는 말입니다. 이것은 다른 사람에 대해서도 적용할 수 있습니다. 간절하게 빈 10개의 소원 중 3개라도 이루어졌다면 그것으로 된 것입니다. 그렇게 생각하면 다른 사람에 대해서도 완벽을 인정받으려고 하는 조급한 마음이 조금은 여유로워질 것입니다.

인생의 3할 타자가 되어 보세요.

왜 칭찬받고 싶다는 기대를 하지 않을까?

정말 열심히 했는데 성과가 없어 불만이 쌓인 적이 있나요? 친구 생일날 레스토랑에서 근사하게 한 턱 냈는데 "고마워" "맛있었어"라는 말 한마디가 없었던 적은요? 바쁜 중에도 무리해 애인을 만날 시간을 냈는데 위로 한마디 없을 때. 고생해 겨우 맡은 일을 마쳤는데 상사로부터 칭찬 한마디 못 들었을 때.

상대에게 "내 기분을 배려해 줬음 좋겠어" "그 나름대로 나를 평가해 줬음 좋겠어"라고 과도하게 바라고 있다면, 상대가 자신의 기분을 알아주지 않을 때에는 배신당한 것 같은 기분이 되고 결국 욕구불만이 쌓여 화가 납니다.

그렇다면 처음부터 바라는 것을 그만두면 어떨까요? "인정하지 않아도 괜찮아" "칭찬을 받지 않아도 좋아" "인사를 듣지 않으면 어때!" 등 가벼운 기분으로 대해 보는 것이죠. 상대에게 기대하는 것을 그만두면 화가 났던 마음도 가라앉고 언제라도 기분 좋게 있는 일이 가능해집니다. 기대하지 않았는데 상대로부터 인정받으면 기쁨도 남다릅니다. 인사말을 듣는 것이 당연하다 생각하던 사람들이 기대하기를 멈추면 예상했던 것 이상으로 즐거운 기분이 될 것입니다.

기대하지 않고 무상의 사랑을 하는 연습을 해 보세요.

"잘 모르겠습니다"라고 말하는 사람이 사랑받는 이유

한 언어학자가 대도시에 근무하는 만 명의 샐러리맨을 대
상으로 재미있는 조사를 진행했습니다. 스트레스를 잘 받지
않는 사람은 직장에서 어떤 말을 자주 사용하는지를 조사한
것입니다. 결과는 의외로 "알지 못했습니다. 가르쳐 주세요"
"잘 모르겠습니다. 가르쳐 주시겠습니까?"라는 말이었다고
합니다.

고개가 끄덕여지는 결과가 아닐까 싶습니다. 잘 모르는 것
임에도 "알고 있습니다"라고 말하면 그 거짓말은 곧 들켜 버
릴지도 모릅니다. 그러면 신경이 쓰여 점점 스트레스가 쌓일
수밖에 없겠죠. 그러나 "잘 모릅니다. 가르쳐 주시겠습니까?"

라고 솔직히 말하면 상대에게 배울 수 있게 됩니다. 허세를 부리거나 감출 필요가 없으니 스트레스를 받으며 살 일도 없다는 이야기입니다.

"잘 모르겠습니다"라고 말하는 것은 부끄러운 일이 아닙니다. 애초에 세상의 모든 것을 아는 사람은 없기 때문이죠. 반대로 눈앞의 사람이 모르는 것을 당신은 알고 있을지도 모릅니다. 모르는 사람은 피차일반입니다.

모르는 것을 "알고 있습니다"라고 말해 버리면 누구도 가르쳐 줄 수가 없고 모르는 채로 계속 있어야 하니 당신은 손해를 볼 뿐입니다. 또 사람은 누군가에게 가르쳐 주려고 할 때 나쁜 마음을 가질 수 없습니다. 오히려 아는 척하는 사람에게보다 더 호감을 갖기 마련입니다.

> "모르겠습니다"라는 말에 이어,
> 겸손하게 "가르쳐 주시겠습니까?"로 이어진다면 완벽하다.

약점을 드러내면 사람들이 좋아한다?

미국의 한 심리학자가 다음과 같은 실험을 했습니다. 보험 회사에 근무하는 20명의 신입 사원을 10명씩 2개의 그룹으로 나눠 "배치받은 직장에서 자신의 약점을 가감 없이 보여 주세요"라고 주문했습니다. 또 다른 그룹에는 "자신의 장점을 여과 없이 어필해 주세요"라고 지시했습니다.

그 결과 아주 흥미롭게도 장점을 어필한 그룹보다 단점을 어필한 그룹 쪽이 스트레스 수치가 낮고 자신의 페이스대로 일을 행한 데다가 양호한 인간관계를 쌓을 수 있었다고 합니다. 약점을 거침없이 보여 준 그룹이 스트레스를 덜 받았던 것입니다. 또 다른 사람에게 약점을 보여 준 것으로 인해 자신의 약점을 보완하기 위해서 겸허해질 수 있었습니다. 다른 사람에게 자신의 약점을 드러내며 허심탄회하게 다가감으로써 원만한 인간관계를 맺을 수 있게 된 것이죠.

자신의 장점을 알아주기를 바라고 나쁜 점을 보여 주고 싶지 않은 것이 인간입니다. 그렇지만 어떨 때는 "지도를 잘 못 읽어" "튀김 요리는 너무 무서워서 할 수 없어…" "사실은 잘하는 운동이 없어" "처음 보는 사람과는 이야기를 잘 못해"라는 약점을 거침없이 보여 주세요. 그 순간은 부끄러움으로 얼굴이 발그레해질지도 모르지만 말한 후에는 있는 그대로의 자신으로 있을 수 있다는 데에 큰 안도를 느낄 것입니다.

'이 사람은 하나라도 나무랄 데 없는 완벽한 사람이 아니야'라는 것을 아는 순간, 친밀감이 높아져 신기한 마음이 들 것입니다.

NO!라는 한마디가 마음을 편하게 해 준다

한 스님이 시주들을 모아서 독특한 설교를 했습니다.

"예스와 스트레스는 딱 끝말잇기로 이을 수 있습니다. 예스의 마지막 글자가 '스'이고 스트레스의 첫 글자도 '스'이니 말이죠. 그런데 '예스 예스'라고만 한다면 끝말잇기처럼 스트레스도 점점 쌓일지 모릅니다. 그러니 '예스'라는 말도 적당히 쓰는 것이 좋지 않을까요."

일리가 있는 말이 아닐까 싶은데요. 너무 피곤해 빨리 집에 돌아가 쉬고 싶다고 생각될 때 상사가 술자리를 권하거나, 감기 기운이 심한데 친구가 상담할 게 있다며 만나기를 원합니다.

이럴 때 여러분은 어떻게 할 것 같나요?

여기서 "예스"라고 말해 버린다면 피곤한 몸을 이끌고 술자리며 상담 자리에 나가야 할 것입니다. 결국 스트레스는 스트레스대로 쌓이고 몸도 마음도 상할지 모릅니다.

여기서 다시 질문을 하고 싶습니다. 무리를 하는 것이 자신에게도 상대에게도 좋기만 한 일일까요? 몸이 힘들어 도저히 손가락 하나 움직이기 힘들 때는 솔직히 "노"라고 거절하는 것이 현명할지도 모릅니다.

상대가 기분 나쁘지 않도록 "정말 죄송합니다…" "면목이 없습니다만…"이라고 운을 떼며 정중하게 현재 상황을 설명하고 거절하는 것이 중요합니다. 숨기지 말고 솔직한 마음으로 전한다면 상대도 분명 알아줄 것입니다. 무엇보다 자기 자신의 마음이 편해지는 길이기도 합니다. "아니오"라고 답할 수 있는 용기가 당신을 구해 줄 것입니다.

소중한 사람이 무리하지 않기를
바라는 마음은 모두 같습니다.

마음까지 쉬게 하는 최고의 휴식

오늘날 우리는 언제 어디서든지 컴퓨터나 휴대전화를 사용하고 있습니다.

그런 한편으로 우리들이 안고 가야 할 문제도 많아졌습니다. "메일이 왔을지도 모르니까 확인해야 해" "지금 바쁜데 짜증 나게 왜 전화가 계속 울리는 거야!" "왜 그는 문자를 보내지 않는 거지?" 등등 언제나 작은 의무감이나 초조함으로 가득한 하루를 보내고 있을지도 모릅니다.

그래서 일주일에 한 번이라도 좋으니 컴퓨터나 휴대전화를 사용하지 않는 시간을 만들어 보는 건 어떨까요. '저 일을 하지 않으면 안 돼, 이 일도 하지 않으면…'과 같은 의무감으로부터 마음을 해방시켜 보는 겁니다.

그리고 누구에게도 방해받지 않고 자신을 위해 느긋한 하루를 보내 보도록 합니다.

무엇에도 속박받지 않는 시간이

마음에 있어서 최고의 휴식입니다.

자신감 부족한 당신을 강하게 만드는 말

　사람은 누구라도 '인정받고 싶다' '칭찬받았으면 좋겠다' 하는 욕구를 안고 있습니다. 하지만 사회인이 되거나 부모가 되는 등 책임을 지는 입장이 되면 될수록 칭찬받을 기회가 적어집니다.

　기회가 줄어드니 자신을 잃어버린 것 같은 기분에 거울에 비친 자신을 위로해 보기도 합니다. "방 청소를 깨끗하게 해 주어서 언제나 고마워" "고생했어. 오늘도 아침부터 열심히 했네" "직접 만들어 준 요리 정말 맛있었어, 실력이 더 늘었네" "오늘 역에서 곤경에 처한 사람을 도와준 건 정말 훌륭했어"라며.

　마음이 약해지거나 자신감이 줄어들 때는 당신이 들어서 제일 기분 좋은 말을 스스로에게 해 보세요.

열심히 살고 있는 자기 자신을
가장 먼저 당신이 칭찬해 주세요.